Das Dr. Oetker Grundbackbuch

Das Dr. Oetker Grundbackbuch

[c] CERES

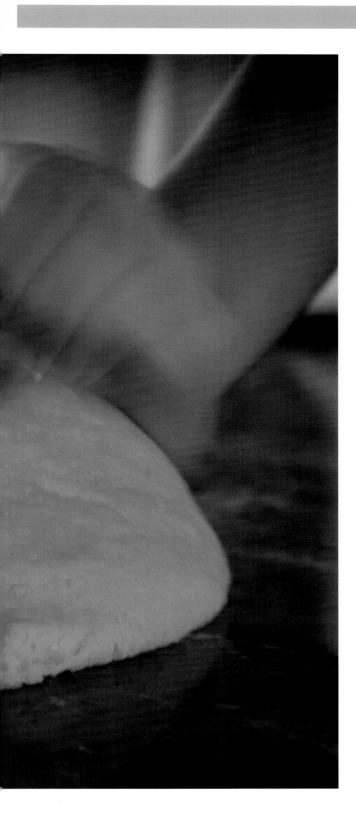

Der herrliche Duft eines frisch gebackenen Ku-chens oder die leckere Torte als Mittelpunkt einer gemütlichen Kaffee-runde: Wer erinnert sich nicht gerne zurück!

Möchten Sie diese Ge-nüsse wieder neu aufle-ben lassen? Mit erprob-ten Rezepten und einer detaillierten Fotoanlei-tung wird Ihr Lieblingsre-zept gelingen. Dann ge-hen auch schwierige Re-zepte leicht von der Hand.

Viel Freude beim Auspro-bieren und Genießen all der leckeren Backwerke.

Grundteige
Seite 8 bis Seite 29

Kuchen aus der Form
Seite 30 bis Seite 51

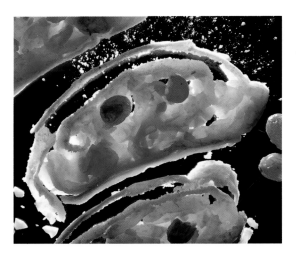

Kuchen vom Blech
Seite 52 bis Seite 65

Inhaltsübersicht

Torten
Seite 66 bis Seite 85

Kleingebäck
Seite 86 bis Seite 99

Kekse
Seite 100 bis Seite 115

Grundteige

Backe, backe Kuchen – doch den Bäcker brauchen Sie nicht zu rufen. Zucker und Mehl, Butter und Salz, Eier und Schmalz, Safran macht den Kuchen gehl.

Mit den bekannten sieben Sachen (es mögen auch noch einige mehr sein) und den richtigen Rezepturen wird Ihnen das Bakken gelingen.

Fünf Grundteige bilden die Basis zum Start in die große Fülle des Backens. Entdecken Sie auf den folgenden Seiten, wie leicht Sie die leckersten Backwerke sicher zubereiten können.

Rührteig

Mehl und Backpulver mischen.

Ist Speisestärke oder Kakao vorgeschrieben, so wird es mit Mehl gemischt (außer bei Marmorkuchen).

Mehl und Backpulver sieben (Foto 1).

Das Sieben lockert das Mehl auf und verteilt das Backpulver gleichmäßig im Mehl. Das Gebäck wird dadurch gelockert.

Für Rührteige die Kuchenformen mit streichfähiger Butter oder Margarine gut und gleichmäßig mit einem Pinsel ausfetten (Foto 2).

Kein Öl verwenden, da dieses am Rand der Form herunterlaufen würde. Die Formen evtl. mit Semmelmehl ausstreuen.
Kastenformen evtl. nach dem Fetten mit Back-Papier auslegen, dadurch läßt sich das Gebäck besser aus der Form nehmen und bleibt länger frisch.
Das Papierfutter so herstellen: Den Boden der Form auf Back-Papier aufzeichnen, die Form kippen und die Seitenlinien aufzeichnen. So mit allen vier Seiten verfahren. Die Ecken ausschneiden und die Bodenlinien knicken (Foto 3).

Bei Springformen nur den Boden fetten.

Früchte folgendermaßen vorbereiten:

Korinthen und Rosinen verlesen. Mandeln, die abgezogen werden sollen, in kochendes Wasser geben und sie 2–3 Minuten darin ziehen lassen (Topf von der Kochstelle nehmen). Nachdem sie abgetropft sind, die Schalen abziehen und die Mandeln evtl. zerkleinern.

Die einzelnen Arbeitsgänge

„Butter oder Margarine geschmeidig rühren..." (Foto 1)

Wichtig ist, daß das Fett weder zu flüssig noch zu fest ist.
Flüssiges Fett kann gar nicht geschmeidig gerührt werden, zu festes Fett muß vorher weich gemacht werden. Zu diesem Zweck wird die Rührschüssel mit heißem Wasser ausgespült und das Fett tüchtig durchgearbeitet. Das vollkommen streichfähige Fett auf höchster Stufe in etwa ½ Minute geschmeidig rühren.

„...Den mit Vanillin-Zucker gemischten Zucker nach und nach zu dem geschmeidig gerührten Fett geben..." (Foto 2)

Dazu den Zucker eßlöffelweise zu dem Fett geben und sorgfältig verrühren. Feinkörniger Zucker löst sich leichter als grobkörniger.

„...die Gewürze (Backöle, Aromen) hinzufügen..."

So lange rühren, bis eine gebundene Masse entstanden ist.

„...Eier hinzugeben..." (Foto 3)

Jedes Ei über einer Tasse aufschlagen und prüfen, ob es gut ist. Die Eier niemals auf einmal in das mit Zucker geschmeidig gerührte Fett geben, da sie sich dann schlecht unterrühren lassen.
Jedes Ei etwa ½ Minute unterrühren, bevor das nächste folgt. Wichtig ist, daß die Fett-Zucker-Masse so lange gerührt wird, bis eine gebundene Masse entstanden ist.

„...Das mit Backpulver gemischte, ge-siebte Mehl unterrühren..." (Foto 1)

Eßlöffelweise das mit Backpulver ge-mischte, gesiebte Mehl auf mittlerer Stufe unterrühren. Wenn der Teig zu fest ist, et-was Milch hinzufügen. Backpulver darf nicht unmittelbar mit Flüssigkeit in Berüh-rung kommen, da seine Triebkraft sonst vorzeitig ausgelöst würde.
Sobald Mehl (evtl. Milch) zum Teig gege-ben wurde, nur kurz rühren, da sonst eine unregelmäßige Lockerung des Gebäcks eintritt (Rührblasen). Den fertigen Teig auf mittlerer Stufe durchrühren.

„...Nur so viel Milch verwenden, daß der Teig schwer-reißend vom Löffel fällt..." (Foto 2)

Die notwendige Milchmenge hängt von der Aufnahmefähigkeit des Mehls und der Größe der Eier ab. Der Teig hat die richtige Beschaffenheit, wenn er schwer-reißend vom Löffel fällt. Bei Zugabe von zu viel Milch kann das Gebäck Wasser-streifen erhalten.
Eine Ausnahme bilden Rührteige, die sehr viel Fett und Eier und wenig oder keine Flüssigkeit enthalten. Sie können weicher sein, da die rohen Eier im Laufe des Backprozesses durch die Hitze fest werden.

„...Je nach Rezept vorbereitete Früchte zuletzt unter den Teig rühren..."

Früchte unter den Teig auf mittlerer Stufe unterrühren. Durch zu langes Rühren werden die Früchte zerquetscht und fär-ben den Teig schmutziggrau.

„...und ihn in die vorbereitete Form fül-len..." (Foto 3)

Den fertigen Teig (am besten mit einer Teigkarte) in die vorbereitete Form füllen und glattstreichen. Die Formen zu etwa ⅔ mit Teig füllen.

Das Backen von Rührteigen

Alle Rührteige nach den Angaben der Bedienungsanleitung des Backofens bzw. den Angaben des Rezeptes backen. Bevor das Gebäck aus dem Backofen genommen wird, muß auf alle Fälle eine Garprobe gemacht werden. Dazu mit einem Holzstäbchen möglichst in die Mitte des Gebäcks stechen. Wenn kein Teig an dem Holzstäbchen hängenbleibt, ist der Kuchen gar. Den Kuchen aus dem Backofen nehmen, 5–10 Minuten stehenlassen. Den Kuchen auf einen Kuchenrost stürzen oder heben, damit er besser ausdünsten kann. Bei einer Springform das Gebäck vor dem Herausnehmen mit einem Messer vom Rand lösen.

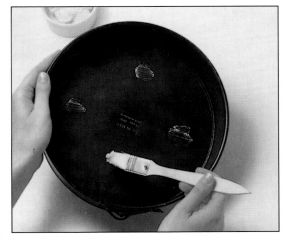

Biskuitteig

Notwendige Vorarbeiten
Mandeln und Früchte nach der Anweisung unter Rührteig Seite 10 vorbereiten.

Für Biskuitteige den Boden der Backbleche und der Backformen mit Papier belegen.

Es ist empfehlenswert, Backformen und Backbleche mit Back-Papier oder Pergamentpapier auszulegen.
Das Papier für eine Springform so herstellen: Die Form umdrehen (Boden nach oben), das Papier darauf legen. Mit einem Messerrücken das am Rand überstehende Papier abstreifen (Foto 1).
Den Boden an etwa 4 Stellen mit streichfähiger Margarine einfetten – am besten mit einem Pinsel (Foto 2). Den Rand nicht fetten. Das Papier auf den Boden legen und gut andrücken. Dazu das Papier von einer Seite ausgehend auf den Boden der zusammengesetzten Springform legen (Foto 3). Mit den Händen glattstreichen, so daß keine Unebenheiten oder Falten entstehen.

Die einzelnen Arbeitsgänge

„...Eier...."

Zum Backen sollten stets frische Eier verwendet werden. Trotzdem sollte jedes Ei über eine Tasse aufgeschlagen werden, um zu prüfen, ob es gut ist (Foto 1). Ein schlechtes Ei – als letztes hinzugegeben – verdirbt die schon verrührten Zutaten.

„...und heißes Wasser in 1 Minute schaumig schlagen..."

Zum Ei das Wasser geben (Foto 2). Ist die Wassermenge in dem Rezept in einer Spanne angegeben, sich nach der Größe der Eier richten. Bei kleinen Eiern die größere und bei großen Eiern die kleinere Wassermenge nehmen.

„...und den mit Vanillin-Zucker gemischten Zucker in 1 Minute hinzufügen. Dann noch etwa 2 Minuten schlagen. Unter die Eiercreme die Gewürze geben..."

Das Gerät ausschalten.

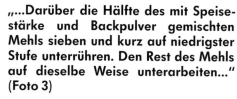

„...Darüber die Hälfte des mit Speisestärke und Backpulver gemischten Mehls sieben und kurz auf niedrigster Stufe unterrühren. Den Rest des Mehls auf dieselbe Weise unterarbeiten..." (Foto 3)

Mischen und Sieben lockern das Mehl auf und verteilen Speisestärke (Pudding-Pulver, Kakao) und Backpulver gleichmäßig darin. Das Gebäck wird dadurch besser gelockert.

„...und den Teig in die mit Papier ausgelegte Form (Backblech) füllen."

Am besten den Teig mit einem Teigschaber in die vorbereitete Form oder auf das Backblech füllen und gleichmäßig verteilen (Foto 1).

Das Backen von Biskuitteigen

Biskuitteige müssen sofort nach der Zubereitung gebacken werden, damit sie nicht wieder zusammenfallen, und zwar nach den Angaben der Rezepte bzw. der Bedienungsanleitung des Backofens. Bevor das Gebäck aus dem Backofen genommen wird, muß auf alle Fälle geprüft werden, ob es gar ist. Dies läßt sich am besten durch leichtes Auflegen der flachen Hand feststellen. Der gare Biskuit darf sich nicht mehr feucht anfühlen und muß in der Krume weich und watteähnlich sein. Ein zu stark ausgebackener Biskuit ist trocken und fest.

Den etwas abgekühlten Biskuit mit einem Messer vom Springformrand lösen, den Springformrand entfernen (Foto 2).

Das Gebäck auf einen Kuchenrost legen, das Papier sofort danach vom Biskuitboden abziehen (Foto 3), damit es besser ausdünsten kann. (Soll der Biskuitboden nicht am gleichen Tag verwendet werden, das Papier bis zum Gebrauch des Bodens darauf lassen.)

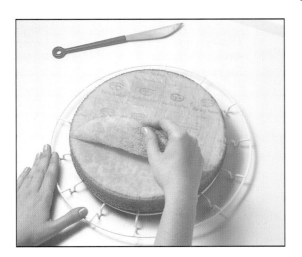

Das Füllen von Torten

Den Biskuitboden so auf einen Bogen Papier legen, daß die Unterseite, die besonders schön glatt ist, nach oben kommt. Er kann mit einem Zwirnsfaden, einem Draht, der an zwei Hölzchen befestigt ist, oder einem großen Messer in Schichten geteilt werden. Damit die Schichten gleichmäßig dick werden, den Tortenrand vorher mit einem kleinen, spitzen Messer ringsherum etwa 1 cm tief einschneiden. Einen Zwirnsfaden in den Einschnitt legen, die Enden des Zwirnsfadens über Kreuz legen und fest anziehen, dabei durchschneidet der Faden das Gebäck (Foto 1).

Die Tortenschicht mit einem Papier abheben, damit sie nicht bricht. Dazu das Papier an der vorderen Kante nach unten knicken und unter die obere Schicht schieben (Foto 2). Mit den Zeigefingern ab und zu an die obere Schicht fassen, damit das Papier nachgezogen wird.

Die obere Schicht abheben.

Beim Abheben der Schicht muß darauf geachtet werden, daß das Papier möglichst waagerecht gehalten wird, da der Biskuitboden ansonsten leicht durchbrechen kann.

Soll der Biskuitboden mit einem Messer geteilt werden, am besten ein Messer nehmen, das länger ist als der Durchmesser des Boden (Foto 3).

Zum Füllen eignet sich Buttercreme, zubereitet mit Pudding-Pulver, Torten-Creme-Pulver oder Konfitüre (Marmelade). Bei Buttercremefüllung zur Abwechslung auch eine Schicht mit Konfitüre bestreichen. Dazu ein Messer, eine Teigkarte oder ein Pfannenmesser nehmen (Foto 1).

Mit Hilfe des Papiers die beiden Schichten wieder aufeinanderlegen. Hierbei ist wichtig, daß die Schichten „Kante auf Kante" gesetzt werden (Foto 2).
Die andere Schicht mit Buttercreme bestreichen und die dritte Schicht darauf legen.

Obere Seite und Rand der Torte mit Buttercreme bestreichen. Für das Verteilen der Creme am Rand am besten ein Tafelmesser verwenden (Foto 3).

Das Verzieren der gefüllten Torte

Den Rand der Torte mit Schokoladenstreuseln, abgezogenen, gehobelten Mandeln, gemahlenen Haselnußkernen oder gebräunten Haferflocken bestreuen. Dazu z. B. die Streusel ganz dicht an die Torte geben und sie am Rand mit einer Teigkarte oder einem Messer hochschieben (Foto 1).

Bevor die Torte verziert wird, die Oberfläche mit einem Tortenteiler einteilen (Foto 2).

Beim Verzieren Spritzbeutel senkrecht halten. Mit der rechten Hand Beutel zuhalten, die Creme (Sahne) herausdrükken. Die linke Hand führt den Beutel. Den Spritzbeutel nicht mit der ganzen Hand umfassen, sondern mit Daumen und Zeigefinger Tülle bzw. Tüllenansatz führen. Die Creme (Sahne) wird sonst durch Handwärme flüssig. Bei dieser Buttercreme-Torte als Randverzierung dicht aneinanderliegende Fragezeichen spritzen. In die Mitte der Torte Ringe spritzen, mit Schokoladen-Dekor-Blättchen garnieren (Foto 3).

Das Überziehen von Torten mit Guß

Die Torte vor dem Auftragen des Gusses mit Konfitüre bestreichen, damit der Guß nicht einsickert. Dazu eine glatte, nicht stückige Konfitüre verwenden. (Stückige Konfitüre vorher durch ein Sieb streichen.)
Den Guß mitten auf die Torte gießen (Foto 1).

Ihn schnell mit einem großen Messer verstreichen, und zwar so, daß er an den Rändern herunterläuft (Foto 2). Das Messer dabei schräg halten und nur leicht aufdrücken. Wenn bei der Verteilung des Gusses die Richtung des Messers geändert werden muß, es nicht jedesmal aus dem Guß herausziehen, weil dadurch leicht Krümel vom Biskuitboden abgehoben werden und diese den Guß unansehnlich machen.

Der heruntergelaufene Guß wird am Tortenrand mit einem schräg gehaltenen Messer glattgestrichen und hochgestrichen (Foto 3).
Es ist wichtig, daß die Torte so schnell wie möglich auf eine Tortenplatte (mit Hilfe eines großen Messers) umgesetzt wird. Dabei muß sie zuerst mit dem Messer von der Platte gelöst werden. Durch leichte Schrägstellung der Platte und Führung der Torte durch das Messer sollte sie vorsichtig auf die Tortenplatte gleiten.

Einzelne Arbeitsgänge zur Herstellung einer Biskuitrolle

Das Backblech mit Back-Papier oder Pergamentpapier belegen. Dazu das Blech an etwa 3 Stellen mit streichfähiger Butter oder Margarine einfetten – am besten mit einem Pinsel –, das Papier darauf legen, gut andrücken, an der offenen Seite des Blechs so zu einer Falte knicken, daß ein Rand entsteht (damit der Teig nicht auslaufen kann).
Den Teig etwa 1 cm dick auf das vorbereitete Blech streichen (Foto 1).

Nach dem Backen den Biskuit sofort mit einem Messer von den Rändern des Blechs und von dem Papierrand lösen, mit Hilfe des anhaftenden Papiers hochheben (Foto 2), auf ein mit Zucker bestreutes Geschirrtuch stürzen.
Das Back-Papier mit kaltem Wasser (mit einem Pinsel) bestreichen und es vorsichtig, aber schnell abziehen.
Den Biskuit sofort mit Konfitüre bestreichen. Es empfiehlt sich, die im Rezept angegebene Konfitürenmenge gleichmäßig mit einem Löffel auf der Biskuitplatte zu verteilen und sie dann schnell mit einer Teigkarte zu verstreichen.

Den Biskuit schnell aufrollen (Foto 3).
Dieser Arbeitsgang muß schnell erfolgen, denn – je abgekühlter die Biskuitplatte ist, desto schneller kann sie beim Aufrollen brechen. Als Hilfestellung kann das unter der Biskuitrolle liegende Geschirrtuch dienen, welches durch leichtes Anheben das Aufrollen der Platte erleichtert.

Knetteig

Notwendige Vorarbeiten

Mandeln und Früchte nach der Anweisung unter Rührteig Seite 10 vorbereiten.

Für Knetteige Backbleche und -formen im allgemeinen nicht fetten.

Eine Ausnahme bilden Obst-Formen, Tortelettformen und Backbleche für wasser- oder milchreiche Teige.

Die einzelnen Arbeitsgänge

„Mehl und Backpulver mischen und in eine Rührschüssel sieben..." (Foto 1).

Mischen und Sieben lockern das Mehl auf und verteilen das Backpulver gleichmäßig im Mehl.

„Alle übrigen im Rezept aufgeführten Zutaten hinzufügen..."

Eier immer vor der Zugabe einzeln über einer Tasse aufschlagen und prüfen, ob sie frisch sind. Falls Flüssigkeit vorgeschrieben ist, sie auf den Zucker geben. Das Fett (Margarine oder Butter) soll weich (streichfähig) sein. Nur so lassen sich die Zutaten gut verarbeiten. Mehr Mehl, als im Rezept angegeben, darf bei fettreichen Teigen nicht genommen werden, da der Teig dadurch krümelig und das Gebäck hart wird. Sind Früchte vorgeschrieben, sie zuletzt unterkneten.

...„Die Zutaten zunächst auf niedrigster Stufe kurz, dann auf höchster Stufe gut durcharbeiten..." (Foto 2)

Die Zutaten lassen sich am besten verarbeiten, wenn das Fett weich (streichfähig) ist. Deshalb das zu verarbeitende Fett rechtzeitig aus dem Kühlschrank nehmen.

....„Anschließend mit den Händen auf der mit Weizenmehl bestäubten Tischplatte zu einem glatten Teig verkneten..." (Foto 3)

Dabei nicht zu viel Mehl auf die Tischplatte sieben, damit der Teig nicht brüchig wird. Den Teig mit flachen Händen (mit dem Handballen) schnell verkneten.

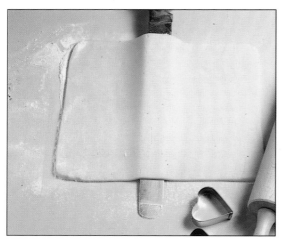

...„Diesen zu einer Rolle formen. Sollte der Teig kleben, ihn eine Zeitlang kalt stellen."

Damit sich der Teig besser ausrollen läßt, ihn zu einer Rolle formen. Das Kleben fettreicher Teige wird durch Kaltstellen beseitigt. An wasserreiche (milchreiche) Teige noch etwas Mehl geben.
Bevor der Teig ausgerollt wird, die Tischplatte von Teigresten reinigen und sie gleichmäßig bemehlen.

Das Ausrollen des Teiges (Foto 1)

Nicht zu große Teigstücke ausrollen (besonders bei Kleingebäck). Beim Ausrollen muß sich die Teigrolle wirklich drehen und leicht über den Teig gehen (nicht zu stark drücken). Während des Ausrollens ab und zu mit einem großen Messer unter dem Teig herstreichen, damit er sofort gelöst wird, wenn er kleben sollte.
Für Kleingebäck den Teig so ausstechen, daß möglichst wenig Abfall entsteht (Foto 2); Knetteig wird durch erneutes Zusammenkneten und Ausrollen nicht besser.
Knetteigböden für Obsttorten entweder in Springformen oder in gefetteten Obst-Formen backen. Bei einer Springform ⅔ der angegebenen Teigmenge auf dem Boden der Form ausrollen. Den Rest des Teiges (je nach Rezept) mit 1 gestrichenen Eßl. Mehl verkneten, zu einer Rolle formen, als Rand auf den Teigboden legen und mit 2 Fingern so an den Springformring drücken, daß der Rand etwa 3 cm hoch wird (Foto 3). Danach den Boden mit einer Gabel einstechen.

Das Backen von Knetteigen

Alle Knetteige nach den Angaben der Bedienungsanleitung des Backofens bzw. den Angaben des Rezeptes backen. Wenn der Teig gebacken ist, das Gebäck sofort aus der Form lösen oder vom Backblech nehmen. Dann auf einen Kuchenrost zum Auskühlen legen (Kleingebäck einzeln nebeneinander).

Hefeteig

Notwendige Vorarbeiten

Backbleche und -formen werden gefettet, am zweckmäßigsten mit streichfähiger Butter oder Margarine, und je nach Rezept mit Semmelmehl ausgestreut.

Die einzelnen Arbeitsgänge

„Das Mehl in eine Rührschüssel sieben (geben) und die Hefe gleichmäßig mit einer Gabel unterrühren..."

„...Alle übrigen im Rezept angegebenen Zutaten zu dem Mehl geben..." (Foto 1)

Nur in Gegenwart von Wärme entfaltet Hefe ihre volle Triebkraft – vor allem die Flüssigkeit (Milch oder Wasser) sollte etwa 37 °C haben.

Zweckmäßigerweise wird die Flüssigkeit während des Rührens nach und nach hinzugegeben; so teilt sich die Wärme dem Teig gleichmäßig mit.

Bei zutatenreichen Teigen (dazu gehört z. B. auch der Stollen) muß die Hefe angerührt werden (Foto 2). Wichtig dabei ist, daß die angesetzte Hefe tatsächlich gegangen ist. Voraussetzung dafür ist, daß sie zusammen mit etwas Zucker und mit lauwarmer Milch angerührt wird und 15 Minuten bei Zimmertemperatur stehenbleibt. Nur in Gegenwart von Wärme entfaltet die Hefe ihre volle Triebkraft – die Milch sollte handwarm sein, also 37 °C haben.

Die übrigen Zutaten dürfen erst bei der Teigbereitung selbst mit der Hefe in Berührung kommen, vor allem Salz und Fett, denn sie würden die Tätigkeit der Hefe hemmen (Foto 3). Deshalb sollten diese Zutaten an den Rand der Schüssel gegeben werden und erst nachdem die Hefe mit dem Mehl vermischt ist untergerührt werden.

„...Die Zutaten zunächst kurz auf niedrigster, dann auf höchster Stufe etwa 5 Minuten verarbeiten. Der Teig muß glatt sein..." (Foto 1).

Das Kneten des Hefeteiges bewirkt eine besonders gute Verbindung aller Zutaten untereinander unter Einschlagen von Luft. Die Hefe wandelt dabei die Kohlenhydrate Zucker und Mehl (Stärke) in Kohlensäure und Alkohol um und bewirkt dadurch eine Lockerung des Teiges. Am schnellsten kann sie Zucker verarbeiten, während sie Mehl (Stärke) vorher abbauen muß.

„...Den Teig abgedeckt an einem warmen Ort so lange stehenlassen, bis er sich sichtbar vergrößert hat" (Foto 2).

Hefeteige nicht sofort nach der Zubereitung backen, sondern sie vorher an einem warmen Ort, z. B. im Backofen genügend aufgehen lassen.
Gas: Auf 8 drei Minuten vorheizen.
Flamme ausdrehen, Schüssel mit Teig so lange hineinstellen, bis er sich sichtbar vergrößert hat.
Strom: 50 einschalten, Schüssel mit Teig so lange hineinstellen, bis er sich sichtbar vergrößert hat. Backofentür mit Holzlöffel geöffnet halten.

„...Den Teig, je nach Rezept, weiter verarbeiten (in eine vorbereitete Napfkuchenform füllen oder ausrollen, formen, flechten usw.), in jedem Fall vor dem Backen nochmals gehen lassen" (Foto 3).

Das Backen von Hefeteigen

Hefeteige sollten in jedem Fall vor dem Backen nochmals an einem warmen Ort gehen, dadurch wird eine weitere Lockerung des Teiges hervorgerufen.
Alle Hefeteige nach den Angaben der Bedienungsanleitung des Backofens bzw. Angaben des Rezeptes backen.

Brandteig

Notwendige Vorarbeiten

Brandteig auf einem leicht gefetteten, mit Mehl bestäubten Backblech bakken (Foto 1).

Etwas Mehl auf eine Seite des Bleches sieben. Damit das Mehl gleichmäßig und in nicht zu dicker Schicht auf dem Backblech liegt, das Backblech mit der nicht bemehlten Seitenkante auf den Tisch schlagen und das überflüssige Mehl entfernen.

Mehl und Speisestärke sieben.

Das Mischen und Sieben von Mehl und Speisestärke lockert die beiden Zutaten auf und verteilt sie gleichmäßig miteinander. Für den nächsten Arbeitsgang ist es sinnvoll, die beiden Zutaten auf ein Stück Pergamentpapier zu sieben.

Die einzelnen Arbeitsgänge

„Wasser und Fett, am besten in einem Stieltopf, zum Kochen bringen. Dann den Topf von der Kochstelle nehmen, das mit Speisestärke gemischte und gesiebte Mehl auf einmal hineinschütten..." (Foto 2)

Wichtig ist, daß das Mehl-Speisestärke-Gemisch beim Kochen nicht klumpt. Deswegen das kochende Wasser von der Kochstelle nehmen und das mit Speisestärke gesiebte Mehl auf einmal hineingeben, es niemals langsam einstreuen.

„...zu einem glatten Kloß rühren..." (Foto 3)

Sobald Mehl und Speisestärke in das heiße Wasser gegeben werden, kräftig rühren, und zwar so lange, bis ein glatter Kloß entstanden ist.

„...und diesen unter Rühren noch etwa 1 Minute erhitzen..." (Foto 1).

Durch dieses Erhitzen (Abbrennen) wird der Teig fester. Ein Zeichen für genügend langes Abbrennen des Teiges ist eine dünne Haut am Boden des Topfes. Das Abbrennen geschieht bei starker Hitze.

„...Den heißen Kloß sofort in eine Schüssel geben..." (Foto 2)

Zur weiteren Verarbeitung des Teiges mit den Knethaken des Handrührgerätes empfiehlt es sich, den Teigkloß in eine Schüssel zu geben, da er sich so besser weiterverarbeiten läßt.

„...und nach und nach die Eier auf höchster Stufe unterarbeiten..." (Foto 3).

Die Eier werden in den heißen Teig gegeben. Jedes Ei wird über einer Tasse aufgeschlagen, um zu prüfen, ob es gut ist. Die Eier nach und nach in den Teig rühren, weil sie sich dann besser unterarbeiten lassen.

„...Weitere Eizugabe erübrigt sich, wenn der Teig stark glänzt und so von einem Löffel abreißt, daß lange Spitzen hängenbleiben..." (Foto 1).

Da die Größe der Eier verschieden ist, nach der Zugabe des vorletzten Eies die Teigbeschaffenheit prüfen. Sollte der Teig schon stark glänzen und so vom Löffel abreißen, daß lange Spitzen hängenbleiben, darf kein Ei mehr zugegeben werden; zu weicher Teig ergibt breitgelaufenes Gebäck. Andernfalls das letzte Ei verschlagen und davon nur so viel wie notwendig in den Teig geben.

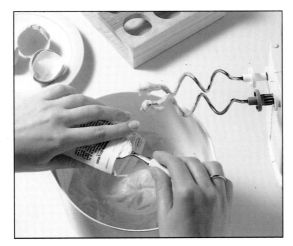

„...Danach das Backpulver in den erkalteten Teig geben" (Foto 2).

Backpulver darf niemals vor dem Backen mit warmen Zutaten zusammengebracht werden, da seine Triebkraft dann vorzeitig ausgelöst würde. Deswegen wird das Backpulver zuletzt unter den Teig gearbeitet.
Sollen aus dem Teig z. B. Windbeutel gebacken werden, die Brandteigmasse mit 2 Teelöffeln in Häufchen auf ein vorbereitetes Backblech setzen oder mit einem Spritzbeutel aufspritzen (Foto 3). Soll der Teig in Fett ausgebacken werden, dann wird er mit 2 Teelöffeln abgestochen oder in Form von Kränzchen auf gefettete Papierstückchen gespritzt und in das heiße Fett gegeben.

Das Backen von Brandteigen

Alle Brandteige werden nach den Angaben der Bedienungsanleitung des Backofens bzw. den Angaben des Rezeptes gebacken. Erst gegen Ende der Backzeit darf der Backofen vorsichtig geöffnet werden, da das Gebäck sonst leicht zusammenfällt. Wird der Teig in Fett ausgebacken, sollte dieses vorher genügend erhitzt werden, damit das Gebäck nicht zu viel Fett aufnehmen kann. Das Ausbackfett hat den richtigen Hitzegrad, wenn sich um einen in das Fett gehaltenen Holzlöffelstiel kleine Blasen bilden.

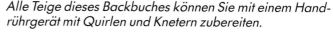

Alle Teige dieses Backbuches können Sie mit einem Handrührgerät mit Quirlen und Knetern zubereiten.

Als vielseitiges Küchensystem zum Rühren und Kneten von allen Rühr- und Knetteigen (z. B. Hefeteig, Biskuitteig, Nudelteig, Pfannkuchenteig) eignet sich besonders der KRUPS 3 Mix 4000.

Ob Rühr-, Hefe- oder Knetteig, mit dem KRUPS 3 Mix 4000 ist alles im Handumdrehen gerührt, geknetet und gequirlt. Dazu ist der KRUPS 3 Mix 4000 ergonomisch gestaltet, der schräggestellte Griff ist der Handflächenform angepaßt und ermöglicht so eine unverkrampfte Hand-, Arm- und Körperhaltung.

Optimal abgestimmt auf die anfallenden Küchenarbeiten eignet sich dieses Gerät mit den entsprechenden Zubehörteilen neben dem Rühren, Schlagen und Kneten z. B. auch zum Raspeln, Reiben, Schnitzeln und Schneiden von Salaten und Gemüse, zum Zerkleinern und zum Mixen.

Mühelos und ganz nach Wunsch können Sie den KRUPS 3 Mix auch zum kompletten System ausbauen.

Zu einem Küchensystem, das Ihnen alle Vorteile einer Küchenmaschine und dazu die vielseitigen Einsatzmöglichkeiten des KRUPS 3 Mix bietet.

Der Rührständer 4000 (Foto 1) mit Schwenkarm und Intervallautomatik ist ein Zubehörteil speziell für den 3 Mix 4000. Selbst schwerster Hefeteig bis 2 kg wird durch 4 Schwenkbewegungen je Minute von Rand zu Rand durchgearbeitet.

Der Zerkleinerer (Foto 2) mit einem Spezialmesser zerkleinert mit hoher Geschwindigkeit Zwiebeln, Kräuter, Gemüse, Fleisch, Nüsse und vieles mehr.

Der Mixaufsatz (Foto 3) bereitet Mixgetränke und Babynahrung und zerkleinert Nahrungsmittel.

Der Schnellmixstab (Foto 4) zerkleinert, mixt Getränke, Quark- und Joghurtspeisen. Er ist in jedem Gefäß zu verwenden.

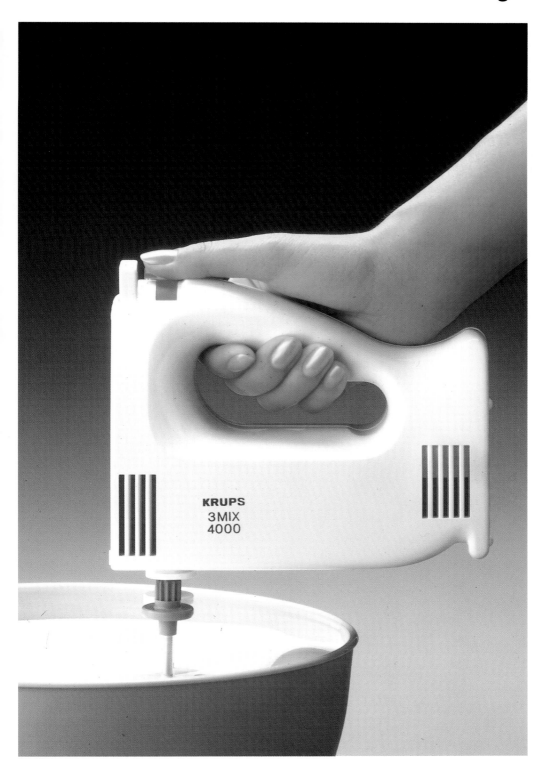

Kuchen aus der Form

Die Kuchen aus Napf-, Spring-, Kranz- oder Kastenform sind eine Freude fürs Auge. Sie lassen sich ideenreich verzieren, mit Glasuren überziehen oder mit Krokant und Puderzucker bestreuen.

Da bekommt jeder schon beim Anblick Appetit. Und daß auch der Gaumen nicht zu kurz kommt, dafür sorgen schon die guten Füllungen und Zutaten, die in Kuchen aus der Form versteckt sind. Denn nicht umsonst gehört auch heute in vielen Familien der Napfkuchen zum Sonntagnachmittag noch immer dazu.

Rosenkuchen

(Foto Seite 30/31 – Hefeteig Seite 23ff.)

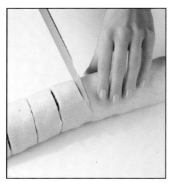

	Für den Teig
500 g Weizenmehl	in eine Schüssel sieben, mit
1 Päckchen	
Trocken-Backhefe	sorgfältig vermischen
100 g Zucker	
Salz	
1 Ei	
knapp 200 ml	
lauwarme Milch	
125 g zerlassene,	
abgekühlte Butter	
oder Margarine,	
z.B. Sanella	hinzufügen

die Zutaten mit einem Handrührgerät
mit Knethaken zunächst auf
niedrigster, dann auf höchster Stufe
in etwa 5 Minuten zu einem Teig
verarbeiten, sollte er kleben, noch
etwas Mehl hinzufügen (aber nicht zu
viel, der Teig muß weich bleiben)
den Teig so lange an einem warmen
Ort stehenlassen, bis er sich sichtbar
vergrößert hat, ihn auf der Tischplatte
nochmals gut durchkneten, zu einem
Rechteck (40 × 50 cm) ausrollen, mit

50 g weicher Butter   bestreichen

für die Füllung

75 g Korinthen
75 g Rosinen

beide Zutaten verlesen, mit

50 g Zucker
1 Päckchen
Vanillin-Zucker
100 g abgezogenen,
gehackten Mandeln
oder gehackten
Haselnußkernen   mischen, auf den Teig streuen
(Foto 1), von der längeren Seite her
aufrollen (Foto 2), die Rolle in
15 Stücke schneiden (Foto 3), diese in
eine gefettete Springform (Rand nicht
fetten, Durchmesser etwa 28 cm)
setzen (Foto 4), mit

Dosenmilch   bestreichen, den Teig nochmals so

lange gehen lassen, bis er sich sichtbar vergrößert hat

Strom	
Ober- und Unterhitze	175–200 (vorgeheizt)
Heißluft	160–170 (nicht vorgeheizt)
Gas	3–4 (vorgeheizt)
Backzeit	30–40 Minuten

für den Guß

50 g Puderzucker   sieben, mit
etwa 1 Eßl.
heißem Wasser
oder weißem Rum   glattrühren, so daß eine dickflüssige
Masse entsteht, den Kuchen sofort
nach dem Backen damit bestreichen.

Apfelkuchen, sehr fein

(Rührteig Seite 10ff.)

Für den Teig

125 g weiche
Margarine, z. B.
Sanella oder
Butter   mit einem Handrührgerät mit Rührbesen auf höchster Stufe in etwa
1/2 Minute geschmeidig rühren,
nach und nach

125 g Zucker
1 Päckchen
Vanillin-Zucker
Salz
4 Tropfen Backöl
Zitrone   unterrühren, so lange rühren, bis eine
gebundene Masse entstanden ist
3 Eier   nach und nach unterrühren (jedes Ei
etwa 1/2 Minute)
200 g Weizenmehl   mit
2 gestrichenen
Teel. Backpulver   mischen, sieben, abwechselnd
eßlöffelweise mit
1–2 Eßl. Milch   auf mittlerer Stufe unterrühren (nur
so viel Milch verwenden, daß der Teig
schwer-reißend von einem Löffel
fällt)

(Fortsetzung Seite 34)

Ratgeber Backformen

Für das optimale Gelingen ist das Material der verwendeten Backform mitentscheidend. Auch das vorhandene Herdsystem sollte beim Kauf von Backformen berücksichtigt werden.

Für die direkte Wärmeabgabe, z. B. in Gasherden, ist Weißblech rauhverzinnt besonders geeignet. Weniger gut eignen sich Weißblech-Formen für Elektroherde.

Aluminium leitet die Wärme gut und ist beständig gegen Korrosion. Diese Backformen sind für alle Herdarten geeignet.

Schwarzblechformen nehmen viel Hitze auf und geben diese Hitze sofort an den Teig weiter. Sie sind deshalb ideal für Elektro- und Heißluftherde.

Antihaft-beschichtete Weiß- und Stahlblechformen eignen sich für alle Herdsysteme. Die dickere Wand speichert die Hitze besser und spart auf diese Weise Energie.

Keramikformen speichern die Hitze und geben sie erst dann an das Backgut weiter. Sie sind in allen Herden einsetzbar.

den Teig in eine Springform (Durchmesser etwa 28 cm, Boden gefettet)
füllen (Foto 1), glattstreichen (Foto 2)

für den Belag
750 g Äpfel   schälen, vierteln, entkernen, mehrmals der Länge nach einritzen
(Foto 3), kranzförmig auf den Teig
legen (Foto 4), die Form auf dem
Rost in den Backofen schieben

Strom
Ober- und
Unterhitze   175–200 (vorgeheizt)
Heißluft   160–170 (nicht vorgeheizt)
Gas   3–4 (nicht vorgeheizt)
Backzeit   40–50 Minuten

zum Aprikotieren

2 Eßl.
Aprikosen-
konfitüre   durch ein Sieb streichen, mit
1 Eßl. Wasser   unter Rühren aufkochen lassen
den Kuchen sofort nach dem Backen
damit bestreichen.

Veränderung: Anstelle der Äpfel 600 g entsteinte
Sauerkirschen verwenden.

Rehrücken

(Titelfoto – Rührteig Seite 20ff.)

Für den Teig
100 g weiche
Margarine, z. B.
Sanella oder Butter   mit einem Handrührgerät mit Rührbesen auf höchster Stufe in etwa
$^1/_2$ Minute geschmeidig rühren,
nach und nach

150 g Zucker
1 Päckchen
Vanillin-Zucker
Salz   unterrühren, so lange rühren, bis eine
gebundene Masse entstanden ist
3–4 Eier   nach und nach unterrühren (jedes Ei
etwa $^1/_2$ Minute)
100 g Schokolade   reiben (Foto 1, Seite 35), unterrühren

75 g Mandeln	mit Wasser aufkochen, auf ein Sieb schütten, abziehen (Foto 2), mahlen
50 g Weizenmehl 2 Päckchen Schokoladen- Pudding-Pulver 2 gestrichenen Teel. Backpulver	mit
	mischen, sieben (Foto 3), abwechselnd eßlöffelweise mit
2 Eßl. Milch	auf mittlerer Stufe unterrühren (nur so viel Milch verwenden, daß der Teig schwer-reißend von einem Löffel fällt), zuletzt die Mandeln unter den Teig rühren, ihn in eine gefettete Rehrückenform (30 × 11 cm) füllen, die Form auf dem Rost in den Backofen schieben

Strom Ober- und Unterhitze	175−200 (vorgeheizt)
Heißluft	150−160 (nicht vorgeheizt)
Gas	2−3 (nicht vorgeheizt)
Backzeit	50−60 Minuten

	für den Guß
100 g Zartbitter- Schokolade etwas Kokosfett	in kleine Stücke brechen, mit in einem kleinen Topf im Wasserbad bei schwacher Hitze zu einer geschmeidigen Masse verrühren, den erkalteten Kuchen damit überziehen (Foto 4), mit
40 g abgezogenen, gesplitterten Mandeln	spicken oder mit
gehackten Pistazienkernen	bestreuen.

Tip:	Noch saftiger schmeckt der Rehrücken, wenn er sofort nach dem Backen aprikotiert wird. Dafür 4−5 Eßlöffel Aprikosenkonfitüre durch ein Sieb streichen, unter Rühren kurz erhitzen und den Rehrücken sofort nach dem Backen damit bestreichen. Das erkaltete Gebäck dann mit dem Guß überziehen.

Englischer Kuchen

(Rührteig Seite 10ff.)

100 g weiche Margarine, z. B. Sanella oder Butter	mit einem Handrührgerät mit Rührbesen auf höchster Stufe in etwa ¹/₂ Minute geschmeidig rühren, nach und nach
150 g Zucker 1 Päckchen Vanillin-Zucker ¹/₂ Fläschchen Backöl Zitrone Salz	unterrühren, so lange rühren, bis eine gebundene Masse entstanden ist
2 Eier	nach und nach unterrühren (jedes Ei etwa ¹/₂ Minute)
250 g Weizenmehl 2 gestrichenen Teel. Backpulver	mit mischen, sieben, abwechselnd eßlöffelweise mit
125 ml (¹/₈ l) Schlagsahne	auf mittlerer Stufe unterrühren
150 g Rosinen 150 g Korinthen	verlesen, waschen, mit Haushaltspapier trockentupfen (Foto 1)
50 g Zitronat (Sukkade)	fein würfeln (Foto 2)
50 g kandierte Kirschen	kleinschneiden (Foto 3) die Zutaten vorsichtig auf mittlerer Stufe unter den Teig rühren, den Teig in eine gefettete, mit Papier ausgelegte Kastenform (30 × 11 cm) füllen, die Form auf dem Rost in den Backofen schieben

Strom Ober- und Unterhitze	175–200 (vorgeheizt)
Heißluft	160–170 (nicht vorgeheizt)
Gas	2–3 (nicht vorgeheizt)
Backzeit	Etwa 80 Minuten den Kuchen zum Abkühlen auf ein Kuchengitter heben, das Back-Papier abziehen (Foto 4), den Kuchen auskühlen lassen.

Marmorkuchen

(Rührteig Seite 10ff.)

300 g weiche Margarine, z. B. Sanella	mit einem Handrührgerät mit Rührbesen auf höchster Stufe in etwa $1/2$ Minute geschmeidig rühren, nach und nach
275 g Zucker 1 Päckchen Vanillin-Zucker 1 Fläschchen Rum-Aroma Salz	unterrühren, so lange rühren, bis eine gebundene Masse entstanden ist
5 Eier	nach und nach unterrühren (jedes Ei etwa $1/2$ Minute)
375 g Weizenmehl 4 gestrichenen Teel. Backpulver	mit

mischen, sieben, abwechseln eßlöffelweise mit |
| etwa 3 Eßl. Milch | auf mittlerer Stufe unterrühren (nur so viel Milch verwenden, daß der Teig schwer-reißend von einem Löffel fällt) $2/3$ des Teiges in eine gefettete Napfkuchenform (Durchmesser etwa 24 cm) füllen (Foto 1) |
| 20 g Kakao 20 g Zucker 2–3 Eßl. Milch | sieben, mit

unter den Rest des Teiges rühren, so daß er wieder schwer-reißend vom Löffel fällt den dunklen Teig auf dem hellen Teig verteilen (Foto 2), mit einer Gabel spiralförmig durch die Teigschichten ziehen (Foto 3), damit ein Marmormuster entsteht, die Form auf dem Rost in den Backofen schieben |

Strom Ober- und Unterhitze	175–200 (vorgeheizt)
Heißluft	160–170 (nicht vorgeheizt)
Gas	2–3 (nicht vorgeheizt)
Backzeit	50–65 Minuten
Puderzucker	den erkalteten Kuchen mit bestäuben (Foto 4).

Rodonkuchen

(Rührteig Seite 10ff.)

	Für den Teig
200 g weiche Butter	mit einem Handrührgerät mit Rührbesen auf höchster Stufe in etwa $1/2$ Minute geschmeidig rühren, nach und nach
200 g Zucker	
1 Päckchen Vanillin-Zucker	
Salz	unterrühren, so lange rühren, bis eine gebundene Masse entstanden ist
4 Eier	nach und nach unterrühren (jedes Ei etwa $1/2$ Minute – Foto 1)
500 g Weizenmehl	mit
1 Päckchen Backpulver	mischen, sieben, abwechselnd eßlöffelweise mit
gut 125 ml ($1/8$ l) Milch	auf mittlerer Stufe unterrühren (nur so viel Milch verwenden, daß der Teig schwer-reißend von einem Löffel fällt)
150 g Korinthen 150 g Rosinen	verlesen, vorsichtig unter den Teig heben (Foto 2), ihn in eine gefettete Napfkuchenform (Durchmesser etwa 24 cm) füllen, die Form auf dem Rost in den Backofen schieben

Strom	
Ober- und Unterhitze	175–200 (vorgeheizt)
Heißluft	160–170 (nicht vorgeheizt)
Gas	2–3 (nicht vorgeheizt)
Backzeit	50–60 Minuten

	für den Guß nach Belieben
200 g Puderzucker	mit
30 g Kakao	mischen, sieben, mit
etwa 3 Eßl. heißem Wasser	glattrühren, so daß eine dickflüssige Masse entsteht
25 g Kokosfett	zerlassen, unterrühren (Foto 3) den erkalteten Kuchen mit dem Guß überziehen (Foto 4).

Sandkuchen

(Rührteig Seite 10ff.)

	Für den Teig
250 g Butter	zerlassen (Foto 1), in eine Rühr-schüssel geben, kalt stellen
	das wieder etwas fest gewordene Fett mit einem Handrührgerät mit Rührbesen in etwa $1/2$ Minute geschmeidig rühren, nach und nach
200 g Zucker 1 Päckchen Vanillin-Zucker Salz einige Tropfen Backöl Zitrone oder Rum-Aroma	unterrühren, so lange rühren, bis eine gebundene Masse entstanden ist
4 Eier	hinzugeben (jedes Ei etwa $1/2$ Minute unterrühren)
125 g Weizenmehl	mit
125 g Speisestärke $1/2$ gestrichenen Teel. Backpulver	mischen, sieben, eßlöffelweise auf mittlerer Stufe unterrühren

die Kastenform mit einem Pinsel mit Butter oder Margarine fetten (Foto 2), mit Backpapier auslegen (Foto 3), den Teig in die ausgelegte Kasten-form (30 × 11 cm) füllen
die Form auf dem Rost in den Back-ofen schieben

Strom	
Ober- und Unterhitze	150−175 (vorgeheizt)
Heißluft	140−150 (nicht vorgeheizt)
Gas	2−3 (nicht vorgeheizt)
Backzeit	65−75 Minuten
	den Kuchen zum Abkühlen aus der Form nehmen (Foto 4)

	für den Guß
100 g Schokolade 25 g Kokosfett	in kleine Stücke brechen, mit in einem kleinen Topf im Wasserbad bei schwacher Hitze zu einer geschmeidigen Masse verrühren, den erkalteten Kuchen damit überziehen.

„Margareten"-Kuchen

(Rührteig Seite 10ff.)

Für den Teig

350 g Butter
oder Margarine,
z. B. Sanella — mit einem elektrischen Handrühr-gerät mit Rührbesen auf höchster Stufe in etwa $1/2$ Minute geschmeidig rühren, nach und nach

300 g Zucker
1 Päckchen
Vanillin-Zucker — unterrühren, so lange rühren, bis eine gebundene Masse entstanden ist

4 Eier
2 Eßl. Wasser
oder Orangenlikör — nach und nach unterrühren (jedes Ei etwa $1/2$ Minute)

350 g Weizenmehl — mit
6 g (2 gestrichene
Teel.) Backpulver — mischen, sieben, eßlöffelweise auf mittlerer Stufe unterrühren
eine Rosettenform mit Margarine einfetten (Foto 1), den Teig einfüllen (Foto 2), die Form auf dem Rost in den Backofen schieben

Strom
Ober-/Unterhitze — 175—200 (vorgeheizt)
Heißluft — 160—170 (nicht vorgeheizt)
Gas — 2—3 (nicht vorgeheizt)
Backzeit — 50—60 Minuten

zum Aprikotieren

2 Eßl. Aprikosen-
konfitüre — durch ein Sieb streichen (Foto 3), mit
2—3 Eßl. Wasser — unter Rühren aufkochen, den Kuchen sofort nach dem Backen damit bestreichen (Foto 4)

zum Verzieren

30—50 g
Puderzucker — sieben, mit
etwa 2 Teel. Eiweiß
evtl. etwas Wasser — verrühren, bis ein spritzfähiger Guß entstanden ist, die Masse in ein Pergamentpapiertütchen füllen, von der Tüte eine Spitze abschneiden, die Torte mit dem Guß verzieren.

Kirsch-Streusel-Kuchen

(Knetteig Seite 20ff.)

	Für den Teig
150 g Weizenmehl	mit
1 Messerspitze Backpulver	mischen, in eine Rührschüssel sieben
100 g Zucker	
1 Päckchen Vanillin-Zucker	
Salz, 1 Ei	
100 g weiche Butter oder Margarine	hinzufügen

die Zutaten mit einem Handrührgerät mit Knethaken zunächst kurz auf niedrigster, dann auf höchster Stufe gut durcharbeiten, anschließend auf der Tischplatte zu einem glatten Teig verkneten, sollte er kleben, ihn eine Zeitlang kalt stellen

gut ⅔ des Teiges auf dem gefetteten Boden einer Springform (Durchmesser etwa 28 cm) ausrollen (Foto 1), mehrmals mit einer Gabel einstechen (Foto 2), den Springformring um den Boden legen, die Form auf dem Rost in den Backofen schieben

Strom
Ober-/Unterhitze 200—225 (vorgeheizt)
Heißluft Etwa 180 (nicht vorgeheizt)
Gas 3—4 (vorgeheizt)
Backzeit 10—12 Minuten

den Boden erkalten lassen

den Rest des Teiges zu einer Rolle formen, sie als Rand auf den vorgebackenen Boden legen, so an die Form drücken, daß ein etwa 2 cm hoher Rand entsteht

für die Füllung
1 kg Sauerkirschen waschen, abtropfen lassen, entstielen, entsteinen, mit
100 g Zucker mischen, kurze Zeit zum Saftziehen stehenlassen, nur eben zum Kochen bringen, abtropfen lassen, wenn

(Fortsetzung Seite 44)

Ratgeber Fette zum Backen

Zum Backen werden überwiegend Margarine, Butter und Pflanzenöl verwendet.

Mit Ausnahme der meisten Biskuitteige, die Fett durch Eier erhalten, gibt es keinen Teig, der ohne Zugabe von Fett zubereitet wird. Fett ist für die Konsistenz (Teigbeschaffenheit) sehr wichtig und trägt dazu bei, daß der Teig saftig und mürbe wird.

Margarine
Sie besteht aus einer Emulsion mit ca. 80% Fett und ca. 20% Wasser. Margarine enthält etwa 1% weitere Zusätze wie z. B. Vitamine, Lecithin (als Stabilisator für die Emulsion wichtig).

Margarine wird vorwiegend aus pflanzlichen Rohstoffen wie z. B. Mais-, Sonnenblumen- oder Sojaöl hergestellt. Dabei handelt es sich um ein streichfähiges Fettgemisch. Der Schmelzpunkt liegt zwischen 28 und 32 °C.

Saft und Kirschen kalt sind, 250 ml (¼ l) Saft abmessen (evtl. mit Wasser ergänzen)

20 g Speisestärke — mit 4 Eßl. von dem Saft anrühren (Foto 3, Seite 42), den übrigen Saft zum Kochen bringen, die Speisestärke unter Rühren in den von der Kochstelle genommenen Saft geben, kurz aufkochen lassen, die Kirschen unterrühren, kalt stellen, mit

etwa 1 Eßl. Zucker — abschmecken, die Füllung auf den vorgebackenen Boden geben (Foto 4, Seite 42)

für die Streusel
150 g Weizenmehl — in eine Rührschüssel sieben
100 g Zucker
1 Päckchen
Vanillin-Zucker
100 g weiche Butter — hinzufügen, mit dem Handrührgerät mit Knethaken zu Streuseln von gewünschter Größe verarbeiten, gleichmäßig auf der Füllung verteilen, die Form wieder in den Backofen schieben

Strom	
Ober-/Unterhitze	200−225 (vorgeheizt)
Heißluft	Etwa 180 (nicht vorgeheizt)
Gas	3−4 (nicht vorgeheizt)
Backzeit	Etwa 40 Minuten.

Altdeutscher Napfkuchen
(Rührteig Seite 10ff.)

3 Eier — trennen (Foto 1, Seite 45)

für den Teig
250 g Margarine, z. B. Sanella — mit einem elektrischen Handrührgerät mit Rührbesen auf höchster Stufe in etwa ½ Minute geschmeidig rühren, nach und nach

175 g Zucker
1 Päckchen
Vanillin-Zucker — unterrühren, so lange rühren, bis eine

gebundene Masse entstanden ist,
3 Eigelb,

1 Ei
Salz   nach und nach unterrühren (jedes Ei
etwa ¹/₂ Minute)

375 g Weizenmehl   mit
3 gestrichenen
Teel. Backpulver   mischen, sieben, abwechselnd
eßlöffelweise auf mittlerer Stufe
unterrühren

1 Eßl. Rum
knapp
125 ml (¹/₈ l) Milch   unterrühren, nur so viel Milch verwenden, daß der Teig schwer-rei-
ßend vom Löffel fällt

für die Füllung
3 Eiweiß steif schlagen (Foto 2), er
muß so fest sein, daß ein Messerschnitt sichtbar bleibt (Foto 3),
nach und nach eßlöffelweise

150 g Zucker
¹/₂ gestrichenen
Teel. gemahlenen
Zimt   darunterschlagen
200 g abgezogene,
gemahlene
Mandeln
100 g
feingewürfeltes

Zitronat (Sukkade)   vorsichtig darunterheben (nicht
rühren), knapp die Hälfte des Teiges
in eine gefettete Napfkuchenform
(Durchmesser 22 cm) füllen, in die
Mitte des Teiges der Rundung nach
mit einem Löffel eine Vertiefung
eindrücken, die Makronenmasse
in die Vertiefung füllen (es darf nichts
von der Füllung an den Formrand
kommen – Foto 4), den restlichen Teig
daraufgeben, glattstreichen, die
Form auf dem Rost in den Backofen
schieben

Strom
Ober-/Unterhitze   175–200 (vorgeheizt)
Heißluft   160–170 (nicht vorgeheizt)
Gas   2–3 (nicht vorgeheizt)
Backzeit   60–70 Minuten.

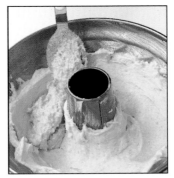

Hefe-Napfkuchen

(Hefeteig Seite 23ff.)

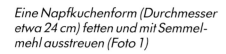

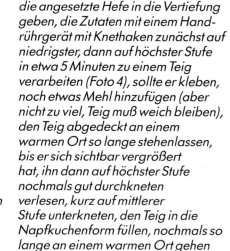

Eine Napfkuchenform (Durchmesser
etwa 24 cm) fetten und mit Semmelmehl ausstreuen (Foto 1)

1 Päckchen
Trocken-Backhefe   mit
1 Teel. Zucker
200 ml
lauwarmer
Schlagsahne   in einem Schüsselchen sehr sorgfältig
anrühren (Foto 2), etwa 15 Minuten
bei Zimmertemperatur stehenlassen

500 g Weizenmehl   in eine Rührschüssel sieben, in die
Mitte eine Vertiefung eindrücken
(Foto 3)

125 g Zucker
1 Päckchen
Vanillin-Zucker
6 Tropfen Backöl
Zitrone
Salz
75 g abgezogene,
gemahlene
Mandeln
3 Eier
200 g zerlassene,
abgekühlte
Margarine,
z. B. Sanella   an den Rand des Mehls geben
die angesetzte Hefe in die Vertiefung
geben, die Zutaten mit einem Handrührgerät mit Knethaken zunächst auf
niedrigster, dann auf höchster Stufe
in etwa 5 Minuten zu einem Teig
verarbeiten (Foto 4), sollte er kleben,
noch etwas Mehl hinzufügen (aber
nicht zu viel, Teig muß weich bleiben),
den Teig abgedeckt an einem
warmen Ort so lange stehenlassen,
bis er sich sichtbar vergrößert
hat, ihn dann auf höchster Stufe
nochmals gut durchkneten
150 g Rosinen   verlesen, kurz auf mittlerer
Stufe unterkneten, den Teig in die
Napfkuchenform füllen, nochmals so
lange an einem warmen Ort gehen

lassen, bis er sich sichtbar vergrößert hat, die Form auf dem Rost in den Backofen schieben

Strom	
Ober-/Unterhitze	175–200 (vorgeheizt)
Heißluft	160–170 (nicht vorgeheizt)
Gas	2–3 (nicht vorgeheizt)
Backzeit	Etwa 50 Minuten.

Frankfurter Kranz

(Rührteig Seite 10ff.)

Für den Teig

100 g weiche Margarine, z. B. Sanella oder Butter — mit einem Handrührgerät mit Rührbesen auf höchster Stufe in etwa $1/2$ Minute geschmeidig rühren, nach und nach

150 g Zucker
1 Päckchen Vanillin-Zucker
4 Tropfen Backöl Zitrone oder $1/2$ Fläschchen Rum-Aroma — unterrühren, so lange rühren, bis eine gebundene Masse entstanden ist

3 Eier — nach und nach unterrühren (jedes Ei etwa $1/2$ Minute)

150 g Weizenmehl
50 g Speisestärke
2 gestrichenen Teel. Backpulver — mit mischen, sieben, eßlöffelweise auf mittlerer Stufe unterrühren den Teig in eine gefettete Kranzform (Durchmesser 24 cm) füllen, die Form auf dem Rost in den Backofen schieben

Strom	
Ober-/Unterhitze	175–200 (vorgeheizt)
Heißluft	160–170 (nicht vorgeheizt)
Gas	2–3 (nicht vorgeheizt)
Backzeit	35–45 Minuten

Ratgeber Margarine zum Backen

Margarinen haben je nach Verwendungszweck unterschiedliche Rezepturen und Rohstoffe. So enthalten z. B. Pflanzen-Margarinen ausschließlich pflanzliche Fette und Diät-Margarinen einen höheren Anteil an mehrfach ungesättigten Fettsäuren. Je nach Zusammensetzung unterscheiden sich die einzelnen Margarinen auch in Ihrer Konsistenz. Würfel- oder Stangen-Margarinen sind weniger streichfähig als im Becher abgepackte Sorten. Die streichfähige und geschmeidige Konsistenz der Margarine bleibt auch bei der Lagerung im Kühlschrank erhalten, so daß sie bei Bedarf sofort für die Teigzubereitung verarbeitet werden kann.

Besonders gut als Backmargarine geeignet ist Sanella. Sie läßt sich leicht schaumig rühren und verbindet sich gut mit den übrigen Back-Zutaten. Die Teige werden nach dem Backen feinporig und erhalten eine gleichmäßige Konsistenz.

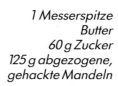

für die Buttercreme
aus

1 Päckchen
Pudding-Pulver
Vanille-Geschmack   mit
100 g Zucker
500 ml (¹/₂ l)
kalter Milch   nach der Vorschrift auf dem Päckchen einen Pudding zubereiten, kalt
stellen, ab und zu durchrühren
250 g Butter   geschmeidig rühren (Foto 1), den
Pudding eßlöffelweise darunter-
geben (darauf achten, daß weder
Fett noch Pudding zu kalt sind, da
dann die sogenannte Gerinnung
eintritt)

für den Krokant

1 Messerspitze
Butter
60 g Zucker
125 g abgezogene,
gehackte Mandeln   unter Rühren so lange erhitzen, bis
der Krokant genügend gebräunt ist,
ihn auf ein Stück Alufolie geben,
erkalten lassen, den Kranz zweimal
durchschneiden (Foto 2), die untere
Gebäcklage mit
roter Konfitüre,
z. B. Kirschkonfitüre   bestreichen, die 3 Gebäcklagen mit
Buttercreme zu einem Kranz
zusammensetzen (Foto 3), ihn mit
Creme bestreichen (etwas zurück-
lassen), mit Krokant bestreuen
(Foto 4), mit zurückgelassener Creme
verzieren, mit
Kirschen oder
roter Konfitüre   garnieren (das Gebäck am besten
einen Tag vor dem Verzehr füllen).

Veränderung: Den Kranz in einer Springform mit
Rohrboden (Durchmesser etwa
24 cm) backen.

Haselnußkranz

(Knetteig Seite 20ff.)

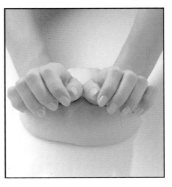

Für den Teig

300 g Weizenmehl	mit
2 gestrichenen Teel. Backpulver	mischen, in eine Rührschüssel sieben
100 g Zucker	
1 Päckchen Vanillin-Zucker	
Salz, 1 Ei	
2 Eßl. Milch	
125 g weiche Margarine, z. B. Sanella	hinzufügen

die Zutaten mit einem Handrührgerät mit Knethaken zunächst kurz auf niedrigster, dann auf höchster Stufe gut durcharbeiten, anschließend auf der Tischplatte zu einem glatten Teig verkneten (Foto 1), sollte er kleben, ihn eine Zeitlang kalt stellen

für die Füllung

200 g gemahlene Haselnußkerne	mit
100 g Zucker	
4—5 Tropfen Backöl Bittermandel	
1/2 Eigelb	
1 Eiweiß	
3—4 Eßl. Wasser	verrühren (Foto 2), so daß eine geschmeidige Masse entsteht

den Teig zu einem Rechteck (etwa 35 × 45 cm) ausrollen, die Nußmasse darauf streichen (Foto 3), als Kranz auf ein gefettetes Backblech legen

1/2 Eigelb	
1 Eßl. Milch	verschlagen, den Kranz damit bestreichen, sternförmig einschneiden (Foto 4), das Blech in den vorgeheizten Backofen schieben

Strom	
Ober-/Unterhitze	175—200 (vorgeheizt)
Heißluft	160—170 (nicht vorgeheizt)
Gas	3—4 (vorgeheizt)
Backzeit	Etwa 45 Minuten.

Zwiebelkuchen/Pizza

(Hefeteig Seite 23ff.)

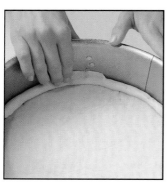

	Für den Teig
250 g Weizenmehl	in eine Rührschüssel sieben, mit
½ Päckchen (1 Teel.) Trocken-Backhefe	sorgfältig vermischen
125 ml (⅛ l) lauwarme Milch	
50 g lauwarme Butter	
Salz	hinzufügen, die Zutaten mit einem Handrührgerät mit Knethaken zunächst kurz auf niedrigster, dann auf höchster Stufe in etwa 5 Minuten zu einem Teig verarbeiten, sollte er kleben, noch etwas Mehl hinzufügen (aber nicht zu viel, der Teig muß weich bleiben) den Teig an einem warmen Ort so lange abgedeckt stehenlassen, bis er sich sichtbar vergrößert hat, auf der Tischplatte nochmals kurz durchkneten

für den Zwiebelkuchen
den Teig auf dem gefetteten Boden einer Springform (Durchmesser etwa 28 cm) ausrollen (Foto 1), am Rand 2–3 cm hochdrücken (Foto 2)

	für den Belag
30 g Butter	zerlassen
500 g abgezogene, gewürfelte Zwiebeln	darin glasig dünsten lassen
1 Eßl. Weizenmehl	mit
3 Eiern	
2 Bechern (je 150 g) saurer Sahne	
Kümmel, Salz	verrühren, mit den Zwiebeln vermengen, die Masse in die Springform geben (Foto 3), gleichmäßig auf dem Teig verstreichen

50 g
durchwachsenen
Speck — in Würfel schneiden, über die Zwiebelmasse streuen (Foto 4), nochmals an einem warmen Ort stehenlassen, bis der Teig sich sichtbar vergrößert hat, die Form auf dem Rost in den Backofen schieben

für die Pizza
den Teig zu einer Platte (Durchmesser etwa 30 cm) ausrollen (Foto 1), in die gefettete Form geben, mehrmals mit einer Gabel einstechen

für den Belag

175 g
Salamischeiben — vierteln

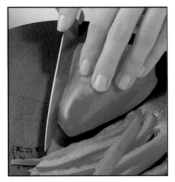

4 Tomaten — waschen, die Stengelansätze herausschneiden, die Tomaten in Scheiben schneiden

1 rote Paprika-
schote — halbieren, entstielen, entkernen, die weißen Scheidewände entfernen, die Schoten waschen, in Streifen schneiden (Foto 2)

3–4 Peperoni
(aus dem Glas) — abtropfen lassen, die 4 Zutaten abwechselnd auf den Teig legen

100–150 g Hart-
käse — raspeln (Foto 3), über den Belag streuen (Foto 4), mit

Salz
Pfeffer
gerebeltem
Rosmarin
gerebeltem
Thymian — bestreuen, den Teig nochmals so lange an einem warmen Ort stehen lassen, bis er etwa doppelt so hoch ist, in den Backofen schieben

Strom
Ober-/Unterhitze — 200–225 (vorgeheizt)
Heißluft — 170–180 (nicht vorgeheizt)
Gas — 4–5 (nicht vorgeheizt)
Backzeit — Etwa 30 Minuten.

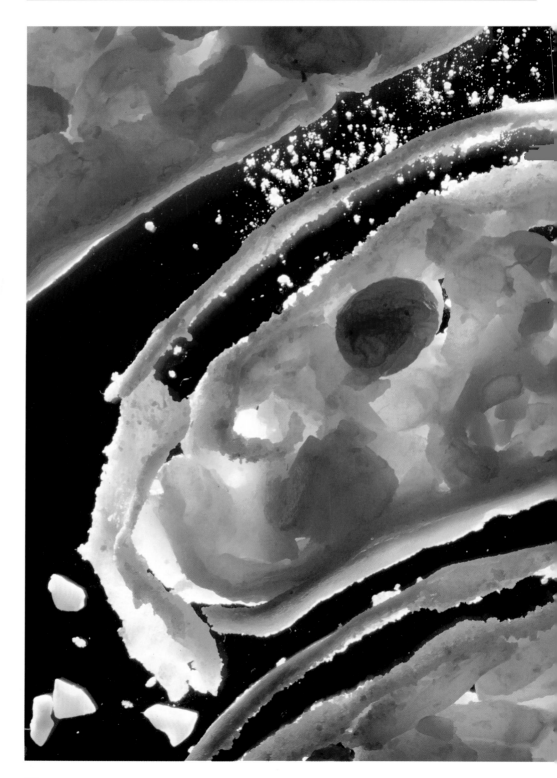

Kuchen vom Blech

Blechkuchen: Der Name paßt gar nicht zu den Köstlichkeiten direkt aus dem Backofen.

Ein Blech voll Kuchen ist im Nu fertig. Ideal für den großen Kuchenhunger bei Festen, Gartenpartys oder für die große Kaffeerunde.

Der Genuß wird garantiert: Denken Sie nur an einen knusprigen Bienenstich, den fruchtigen Geschmack von Obstkuchen oder gar an den verführerischen Duft eines warmen leckeren Apfelstrudels.

Wiener Apfelstrudel

(Foto Seite 52/53)

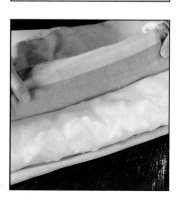

	Für den Teig
200 g Weizenmehl	auf die Tischplatte sieben, in die Mitte eine Vertiefung eindrücken
Salz	hineingeben, nach und nach
75 ml (5 Eßl.) lauwarmes Wasser	
50 g zerlassene Butter oder	
3 Eßl. Speiseöl	mit einem Teil des Mehls zu einem dicken Brei verarbeiten, mit Mehl bedecken, von der Mitte aus alle Zutaten schnell zu einem glatten Teig verkneten, ihn auf Pergamentpapier in einen heißen, trockenen Kochtopf (vorher Wasser darin kochen) legen, mit einem Deckel verschließen, ¹/₂ Stunde ruhen lassen
	für die Füllung
1 – 1¹/₂ kg Äpfel	schälen, vierteln, entkernen, in feine Stifte schneiden
1 Fläschchen Rum-Aroma	
3 Tropfen Backöl Zitrone	untermischen
50 g Rosinen	verlesen
75 g Butter	zerlassen
	den Strudelteig auf einem bemehlten, großen, weißen Tuch (Tischtuch) ausrollen (Foto 1), dünn mit etwas von dem Fett bestreichen, den Teig anheben (Foto 2), über den Handrücken zu einem Rechteck (50 × 70 cm) ausziehen (Foto 3), er muß durchsichtig sein, die Ränder, wenn sie dicker sind, abschneiden ²/₃ des Fettes auf den Teig streichen
50 g Semmelmehl	auf den Teig streuen (an den kürzeren Seiten etwa 3 cm frei lassen) nacheinander Äpfel, Rosinen,
100 g Zucker	
1 Päckchen Vanillin-Zucker	
50 g abgezogene, gehackte Mandeln	auf der Hälfte des Teiges verteilen,

die frei gebliebenen Teigränder auf die Füllung schlagen, den Teig von der längeren Seite her, mit der Füllung beginnend, aufrollen (Foto 4, Seite 54), an den Enden gut zusammendrücken, auf ein gefettetes Backblech legen, mit Fett bestreichen, das Backblech in den Backofen schieben

Strom	
Ober-/Unterhitze	175–200 (vorgeheizt)
Heißluft	160–170 (nicht vorgeheizt)
Gas	3–4 (vorgeheizt)
Backzeit	45–55 Minuten
	während des Backens den Strudel mit der restlichen Butter bestreichen.

Eierschecke

(Fotos Seite 56/57 – Hefeteig Seite 23ff.)

	Für den Teig
375 g Weizenmehl	in eine Rührschüssel sieben, mit
1 Päckchen	
Trocken-Backhefe	sorgfältig vermischen
50 g Zucker	
1 Päckchen	
Vanillin-Zucker	
Salz, 1 Ei	
200 ml lauwarme	
Milch	
50 g zerlassene,	
abgekühlte Butter	hinzufügen

die Zutaten mit dem Handrührgerät mit Knethaken zunächst auf niedrigster, dann auf höchster Stufe in etwa 5 Minuten zu einem Teig verarbeiten, sollte er kleben, noch etwas Mehl hinzufügen (aber nicht zu viel, der Teig muß weich bleiben) den Teig abgedeckt so lange an einem warmen Ort stehenlassen, bis er sich sichtbar vergrößert hat (etwa 30 Minuten), ihn aus der Schüssel nehmen, auf der Tischplatte

(Fortsetzung Seite 56)

Ratgeber Backtemperatur

Die richtig eingestellte Backtemperatur ist genau so wichtig wie die sorgfältige Zubereitung des Gebäcks.

Die unten im Rezept angegebenen Temperaturen sind Anhaltswerte. Sie sollten sich jedoch die Bedienungsanleitung des Herdes genau durchlesen und sich bei Abweichungen besser an die Anleitung Ihres Herdes halten.

Die Herde werden in der Versuchsküche vielfach getestet und die angegebenen Werte passen auf den jeweiligen Gerätetyp.

Auf jeden Fall empfiehlt es sich, gegen Ende der Backzeit nach dem Gebäck zu sehen und zu prüfen, ob es gar ist. Dies kann bei Kuchen mit Hilfe der Holzstäbchen-Probe erfolgen.

Das Stäbchen wird in die Mitte des Gebäcks gestoßen, bleiben keine feuchten Krumen daran haften, ist das Gebäck gar.

nochmals kurz durchkneten, in einer gefetteten Fettauffangschale ausrollen, an den Rändern etwas hochdrücken

für den Quarkbelag

500 g abgetropften Speisequark (Magerstufe) mit
30 g weicher Butter
80 g Zucker
1 Ei
2 Tropfen Backöl Bittermandel
2 Eßl. Milch
1 Päckchen Käsekuchen-Hilfe gut verrühren (Foto 1)
40 g Rosinen verlesen, unterrühren
die Masse gleichmäßig auf den Teig streichen (Foto 2)

für die Eiercreme
aus

1 Päckchen Dessert-Soße Vanille-Geschmack
30 g Zucker
250 ml (¼ l) Milch nach der Vorschrift auf dem Päckchen (aber nur mit ¼ l Milch) einen Pudding zubereiten, unter Rühren erkalten lassen
100 g Butter geschmeidig rühren, nach und nach
75 g gesiebten Puderzucker unterrühren, die Masse mit
3 Eigelb unter den kalten Pudding rühren
3 Eiweiß steif schlagen, vorsichtig unter die Creme rühren (Foto 3)
die Creme auf den Quarkbelag streichen (Foto 4)
den Teig nochmals an einem warmen Ort stehenlassen, bis er sich sichtbar vergrößert hat, die Fettauffangschale in den Backofen schieben

Strom
Ober-/Unterhitze 175–200 (vorgeheizt)
Heißluft 160–170 (nicht vorgeheizt)
Gas 3–4 (vorgeheizt)
Backzeit Etwa 30 Minuten.

Apfel-, Streusel- oder Pflaumenkuchen

(Hefeteig Seite 23ff.)

	Für den Teig
500 g Weizenmehl	in eine Rührschüssel sieben, mit
1 Päckchen Trocken-Backhefe	sorgfältig vermischen
75 g Zucker	
1 Päckchen Vanillin-Zucker	
Salz, 250 ml (¼ l) lauwarme Milch	
75 – 100 g zerlassene Margarine, z. B. Sanella	hinzufügen, die Zutaten mit einem Handrührgerät mit Knethaken zunächst auf niedrigster, dann auf höchster Stufe in etwa 5 Minuten zu einem Teig verarbeiten, sollte er kleben, noch etwas Mehl hinzufügen (aber nicht zu viel, der Teig muß weich bleiben)

den Teig abgedeckt so lange an einem warmen Ort stehenlassen, bis er sich sichtbar vergrößert hat, aus der Schüssel nehmen, auf der Tischplatte nochmals kurz durchkneten, auf einem gefetteten Backblech ausrollen, vor den Teig einen mehrfach umgeknickten Streifen Alufolie legen

	für den Streuselkuchen
300 g Weizenmehl	in eine Rührschüssel sieben, mit
150 g Zucker	
1 Päckchen Vanillin-Zucker	mischen
150–200 g weiche Butter	hinzufügen, alle Zutaten mit dem Handrührgerät mit Knethaken zu Streuseln von gewünschter Größe verarbeiten (Foto 1), gleichmäßig auf dem Teig verteilen (Foto 2)

(Fortsetzung Seite 60)

Ratgeber Füllungen

Zum Füllen von Gebäck, z. B. Biskuitrollen, Torten, Kleingebäck usw. bieten sich verschiedene Möglichkeiten mit sehr unterschiedlichen Geschmacksrichtungen an.

Die Grundbasis besteht z. B. aus Pudding, Buttercreme, Sahnecreme mit Gelatine, Schlagsahne mit oder ohne Früchte, Quark-/Joghurtcreme mit Gelatine, Marzipan, geschmolzener Schokolade oder Kuvertüre, streichfähiger Konfitüre.

Die Grundbasis kann zusätzlich je nach Belieben oder Rezept abgeschmeckt werden, z. B. mit Mandeln, Nüssen, Rum, Kirschwasser, Kaffeepulver, Schokoladenraspeln, Krokant, Vanille, Zitrone usw.

den Teig nochmals so lange an einem warmen Ort gehen lassen, bis er sich sichtbar vergrößert hat, das Backblech in den Backofen schieben

Strom	
Ober-/Unterhitze	200–225 (vorgeheizt)
Heißluft	170–180 (nicht vorgeheizt)
Gas	4–5 (vorgeheizt)
Backzeit	15–20 Minuten

für den Apfelkuchen

etwa 1¹/₂ kg Äpfel schälen, vierteln, entkernen, in dicke Scheiben schneiden, gleichmäßig auf den Teig legen (Foto 3, Seite 58), mit

20 g abgezogenen, gesplitterten Mandeln

20 g Rosinen bestreuen (Foto 4, Seite 58), den Teig nochmals gehen lassen, bis er sich sichtbar vergrößert hat, das Backblech in den Backofen schieben

Strom	
Ober-/Unterhitze	200–225 (vorgeheizt)
Heißluft	170 (nicht vorgeheizt)
Gas	4–5 (vorgeheizt)
Backzeit	20–30 Minuten

zum Aprikotieren

3 Eßl. Aprikosenkonfitüre mit
1 Eßl. Wasser unter Rühren aufkochen lassen, den Apfelkuchen sofort nach dem Backen damit bestreichen

für den Pflaumenkuchen

3 kg Pflaumen waschen, gut abtropfen lassen, mit einem Tuch abreiben, entsteinen, schuppenförmig mit der Innenseite nach oben auf den Teig legen den Teig nochmals gehen lassen, bis er sich sichtbar vergrößert hat, das Backblech in den Backofen schieben

Strom	
Ober-/Unterhitze	200–225 (vorgeheizt)
Heißluft	170 (nicht vorgeheizt)
Gas	4–5 (vorgeheizt)
Backzeit	20–30 Minuten

den etwas ausgekühlten Kuchen mit
Zucker bestreuen.

Bienenstich
(Hefeteig Seite 23ff.)

Für den Teig

500 g Weizenmehl
1 Päckchen
Trocken-Backhefe
75 g Zucker
1 Päckchen
Vanillin-Zucker
Salz, 2 Eier
125 ml (⅛ l)
lauwarme Milch
100 g zerlassene,
abgekühlte Butter
oder Margarine

in eine Rührschüssel sieben, mit

sorgfältig vermischen

hinzufügen
die Zutaten mit einem Handrührgerät
mit Knethaken zunächst auf
niedrigster, dann auf höchster Stufe
in etwa 5 Minuten zu einem Teig
verarbeiten, sollte er kleben, noch
etwas Mehl hinzufügen (aber nicht
zu viel, der Teig muß weich bleiben),
den Teig abgedeckt so lange an
einem warmen Ort stehenlassen, bis
er sich sichtbar vergrößert hat,
den Teig auf der Tischplatte nochmals
kurz durchkneten, (Foto 1), auf einem
gefetteten Backblech ausrollen,
mehrmals mit einer Gabel einstechen
vor den Teig einen mehrfach
umgeknickten Streifen Alufolie legen

für den Belag

100 g Butter
150 g Zucker
1 Päckchen
Vanillin-Zucker
2–3 Eßl. Milch
200 g abgezogene,
gehobelte
Mandeln

mit

unter Rühren zerlassen

unterrühren, zum Kochen bringen,
von der Kochstelle nehmen, die
Masse etwas abkühlen lassen,
gleichmäßig auf dem Teig verteilen
(Foto 2), den Teig nochmals so lange

(Fortsetzung Seite 62)

Ratgeber Hefe

Hefe wird in erster Linie zur Zubereitung von Gebäck mit Weizenmehl verwendet. Im Handel ist Frisch-Hefe und Trocken-Backhefe erhältlich. Frisch-Hefe ist in kleinen Päckchen abgepackt und hält sich im Kühlschrank etwa 2–3 Wochen. Trocken-Backhefe ist in einem Spezialverfahren haltbar gemacht und hält sich bei sachgemäßer Lagerung 1½–2 Jahre.

Das Backen mit Trocken-Backhefe erfordert keine besonderen Vorarbeiten. Die Hefe wird sofort aus dem Päckchen ins Mehl gestreut und mit dem Mehl sorgfältig vermischt. (Ausnahme: Bei zutatenreichen Teigen, z. B. Hefe-Napfkuchen und Stollen, muß die Hefe angerührt werden.)

Hefezellen brauchen Wärme. Die Küche selbst sollte Wohntemperatur (etwa 22 °C) haben. Die lauwarme Flüssigkeit (Milch, Sahne), die zugegeben wird, ist richtig bei Körpertemperatur (37 °C).

an einem warmen Ort gehen lassen, bis er sich sichtbar vergrößert hat, das Backblech in den Backofen schieben

Strom	
Ober-/Unterhitze	200–225 (vorgeheizt)
Heißluft	160–170 (nicht vorgeheizt)
Gas	3–4 (vorgeheizt)
Backzeit	Etwa 15 Minuten für die Füllung aus

2 Päckchen Pudding-Pulver Vanille-Geschmack 75 g Zucker 750 ml (¾ l) Milch — nach Vorschrift auf dem Päckchen (aber nur mit ¾ l Milch) einen Pudding zubereiten, kalt stellen ab und zu durchrühren

250 ml (¼ l) Schlagsahne — ½ Minute schlagen

1 Päckchen Sahnesteif — einstreuen, die Sahne steif schlagen, vorsichtig unter den erkalteten Pudding rühren, das erkaltete Gebäck vierteln, jedes Stück waagerecht durchschneiden (Foto 3, Seite 61), mit der Creme füllen (Foto 4, Seite 61).

Tip: Anstelle der Schlagsahne 100 g Butter unter den noch heißen Pudding rühren, kalt stellen, ab und zu durchrühren.

Butterkuchen
(Hefeteig Seite 23ff.)

500 g Weizenmehl 1 Päckchen Trocken-Backhefe 75 g Zucker 1 Päckchen Vanillin-Zucker Salz 250 ml (¼ l) lauwarme Milch

Für den Teig in eine Rührschüssel sieben, mit

sorgfältig mischen

75–100 g
zerlassene,
abgekühlte Butter   hinzufügen
die Zutaten mit einem Handrührgerät
mit Knethaken zunächst auf
niedrigster, dann auf höchster Stufe
in etwa 5 Minuten zu einem Teig
verarbeiten, sollte er kleben, noch
etwas Mehl hinzufügen (aber nicht
zu viel, der Teig muß weich bleiben)
den Teig abgedeckt so lange an
einem warmen Ort stehenlassen, bis
er sich sichtbar vergrößert hat,
ihn aus der Schüssel nehmen, auf
einem gefetteten Backblech
ausrollen (Foto 1), vor den Teig einen
mehrfach umgeknickten Streifen
Alufolie legen (Foto 2)

   für den Belag
125 g Butter   in Flöckchen gleichmäßig auf
den Teig setzen (Foto 3), oder
zerlassen daraufstreichen

75 g Zucker   mit
1 Päckchen
Vanillin-Zucker   mischen, darüber streuen
50 g abgezogene,
gehobelte Mandeln   gleichmäßig darüber verteilen
(Foto 4), den Teig nochmals so lange
an einem warmen Ort gehen lassen,
bis er sich sichtbar vergrößert hat,
das Backblech in den Backofen
schieben

Strom
Ober- und
Unterhitze   200–225 (vorgeheizt)
Heißluft   170–180 (nicht vorgeheizt)
Gas   4–5 (vorgeheizt)
Backzeit   Etwa 15 Minuten.

Veränderung: 250 ml (¼ l) Schlagsahne steif
schlagen, sofort nach dem Backen
gleichmäßig auf den Butterkuchen
streichen.

Hefezopf
(Hefeteig Seite 23ff.)

500 g Weizenmehl	in eine Rührschüssel sieben, mit
1 Päckchen Trocken-Backhefe	sorgfältig vemischen
50 g Zucker 1 Päckchen Vanillin-Zucker Salz, 2 Eier 1 Eiweiß 250 ml (¼ l) lauwarme Schlagsahne	hinzufügen, die Zutaten mit einem Handrührgerät mit Knethaken zunächst kurz auf niedrigster, dann auf höchster Stufe in etwa 5 Minuten zu einem Teig verarbeiten, sollte er kleben, noch etwas Mehl hinzufügen (aber nicht zu viel, der Teig muß weich bleiben) den Teig so lange an einem warmen Ort stehen lassen, bis er sich sichtbar vergrößert hat, ihn dann auf höchster Stufe nochmals kurz durchkneten aus ⅔ des Teiges 3 etwa 40 cm lange Rollen formen (Foto 1), flechten (Foto 2), als Zopf auf ein gefettetes Backblech legen, mit einem Rollholz der Länge nach eine Vertiefung eindrücken
1 Eigelb 1 Eßl. Milch	verschlagen, die Vertiefung mit etwas davon bestreichen von dem Rest des Teiges 3 etwa 35 cm lange Rollen formen, daraus einen Zopf flechten (Foto 3), auf den größeren legen, ebenfalls mit Eigelbmilch bestreichen (Foto 4) den Zopf nochmals so lange an einem warmen Ort gehen lassen, bis er sich sichtbar vergrößert hat, in den Backofen schieben

Strom	
Ober-/Unterhitze	175–200 (vorgeheizt)
Heißluft	160–170 (nicht vorgeheizt)
Gas	3–4
Backzeit	Etwa 35 Minuten.

Torten

Die Torte – in ungezählten Varianten und Möglichkeiten geben Torten jeder Kaffeetafel den speziellen Charakter, verleihen ihr Festlichkeit oder den leichten Charme einer nachmittäglichen Plauderstunde.

Viele Torten haben ihre Geschichte und sind doch immer wieder modern. Neben diesen Klassikern sind auch die Fruchtigen unter den Torten, die Neuen mit viel Obst und wenig Kalorien, im Kommen.

Doch ob Klassik oder Moderne: Der einzigartige Geschmack einer jeden Torte macht sie immer wieder zum Mittelpunkt des Kaffeetisches.

Kaiserin-Friedrich-Torte

(Foto Seite 66/67 – Rührteig Seite 10ff.)

	Für den Teig
250 g Kokosfett	zerlassen, kalt stellen, etwas fest werden lassen
oder	
300 g Butter	
oder Margarine	mit einem Handrührgerät mit Rührbesen auf höchster Stufe in etwa $^1/_2$ Minute geschmeidig rühren
300 g Zucker	
1 Päckchen	
Vanillin-Zucker	unterrühren, so lange rühren, bis eine gebundene Masse entstanden ist, dann nach und nach
5 Eier	
1 Eigelb	
$^1/_2$ Eiweiß	
3 Tropfen Backöl	
Bittermandel	
$^1/_2$ Fläschchen	
Rum-Aroma	
Salz	unterrühren (jedes Ei etwa $^1/_2$ Minute)
300 g Weizenmehl	mit
75 g Speisestärke	
2 gestrichenen	
Teel. Backpulver	mischen, sieben, eßlöffelweise auf mittlerer Stufe unterrühren
125 g gewürfeltes	
Zitronat (Sukkade)	unter den Teig heben (Foto 1), ihn in die gefettete Rosettenform füllen (Foto 2), die Form auf dem Rost in den Backofen schieben

Strom

Ober-/Unterhitze	175–200 (vorgeheizt)
Heißluft	160–170 (nicht vorgeheizt)
Gas	2–3 (nicht vorgeheizt)
Backzeit	65–75 Minuten

	für den Guß
175 g Puderzucker	sieben, mit
$^1/_2$ Eiweiß	
3 Eßl. Zitronensaft	glattrühren, so daß eine dickflüssige Masse entsteht

	die erkaltete Torte mit dem Guß überziehen
50 g Zitronat und Orangeat	in Blüten und Streifen schneiden (Foto 3, Seite 68), die Torte damit garnieren (Foto 4, Seite 68).
Veränderung:	Der Teig kann auch in einer Springform gebacken werden.

Sahnecremetorte
(Knetteig Seite 20ff.)

	Für den Teig
150 g Weizenmehl 1 Messerspitze Backpulver 40 g Zucker 1 Päckchen	mit mischen, in eine Rührschüssel sieben
Vanillin-Zucker 100 g weiche Butter oder Margarine, z. B. Sanella	hineingeben
	die Zutaten mit einem Handrührgerät mit Knethaken zunächst kurz auf niedrigster, dann auf höchster Stufe gut durcharbeiten, anschließend auf der Tischplatte zu einem glatten Teig verkneten, sollte er kleben, ihn eine Zeitlang kalt stellen den Teig auf dem Boden einer Springform (Durchmesser etwa 28 cm) ausrollen, mehrmals mit einer Gabel einstechen, mit Springformrand auf dem Rost in den Backofen schieben
Strom Ober-/Unterhitze Heißluft	200–225 (vorgeheizt) 170 (nicht vorgeheizt)
Gas	3–4 (vorgeheizt)
Backzeit	Etwa 15 Minuten sofort nach dem Backen den Boden vom Springformrand lösen, erkalten lassen, auf die Tortenplatte legen, den Rand der Springform wieder darum geben (Foto 1, Seite 70), schließen

(Fortsetzung Seite 70)

Ratgeber Kandierte Früchte

Kandierte Früchte werden als geschmacksgebende Zutat und zum Verzieren von Gebäck verwendet. Zitronat oder Sukkade ist die kandierte Schale der Zedratzitrone, einer besonders dickschaligen Zitrusfrucht. Die Schale der bis zu 2 kg schweren Frucht wird halbiert, das Fruchtfleisch wird entfernt. Die noch grünen Schalen werden in Salzwasser eingelegt, damit sie härten und haltbar werden. Dann werden sie in einer hochprozentigen Zuckerlösung gekocht.

Orangeat ist die kandierte Schale der Pomeranze (Bitterorange). Sie wird auf dieselbe Weise wie die Zedratzitrone behandelt.

Orangeat und Zitronat sind als halbe Schalen und gewürfelt im Handel.

Kandierte Kirschen werden überwiegend zum Garnieren verwendet. Es gibt sie in rot, grün und gelb.

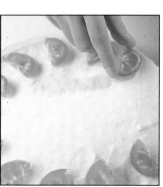

für den Belag

2 Päckchen Gelatine gemahlen, weiß	mit
6 Eßl. kaltem Wasser	in einem kleinen Topf anrühren (Foto 2), 10 Minuten zum Quellen stehenlassen
125 g Butter	mit einem Handrührgerät mit Rührbesen geschmeidig rühren, nach und nach ⅔ von
250 g Zucker	abwechselnd mit
3 Eigelb	unterrühren, danach
500 g Speisequark abgeriebene gelbe Schale von ½ Zitrone (unbehandelt) Saft von 1 Zitrone	unterrühren
3 Eiweiß	steif schlagen, nach und nach den Rest des Zuckers hinzugeben
250 ml (¼ l) Schlagsahne	steif schlagen, die Gelatine unter Rühren erwärmen, bis sie gelöst ist 3 Eßl. von der Schlagsahne mit der Gelatinelösung verrühren, unter die Quarkmasse rühren den Eierschnee zusammen mit der übrigen Schlagsahne unterheben, die Quarkmasse gleichmäßig auf dem Tortenboden verteilen, glattstreichen (Foto 3) die Torte kalt stellen, bis die Sahne- creme fest ist, mit einem Messer vom Springformrand lösen, mit
kandierten Zitronenscheiben	garnieren (Foto 4).

Feine Schokoladentorte
(Rührteig Seite 10ff.)

Für den Teig

150 g Butter oder Margarine	mit einem Handrührgerät mit Rühr- besen auf höchster Stufe in etwa ½ Minute geschmeidig rühren, nach und nach

75 g Zucker	
1 Päckchen	
Vanillin-Zucker	
150 g aufgelöste	
zartbittere	
Schokolade	
2 Eier	
4 Eigelb	unterrühren (jedes Ei etwa 1/2 Minute)
150 g Weizenmehl	mit
15−25 g Kakao	
1 gestrichenen	
Teel. Backpulver	mischen, sieben (Foto 1), eßlöffel-

weise auf mittlerer Stufe unterrühren

4 Eiweiß — steif schlagen, der Schnee muß so fest sein, daß ein Messerschnitt sichtbar bleibt

75 g Zucker — nach und nach unterschlagen, den Schnee vorsichtig unter den Teig heben, in eine Springform (Durchmesser etwa 28 cm, Boden gefettet, mit Back-Papier belegt) füllen, glattstreichen, die Form auf dem Rost in den Backofen schieben

Strom

Ober-/Unterhitze	175−200 (vorgeheizt)
Heißluft	150−160 (nicht vorgeheizt)
Gas	2−3 (nicht vorgeheizt)
Backzeit	Etwa 40 Minuten

den Tortenboden auf ein Kuchengitter stürzen (Foto 2), das Back-Papier abziehen (Foto 3), gut auskühlen lassen, einmal mit einem Draht oder Zwirn durchschneiden (Foto 4) den unteren Boden mit

2−3 Eßl. Johannis-
beergelee — bestreichen, mit dem oberen Boden bedecken, Rand und obere Seite der Torte gleichmäßig mit

2−3 Eßl. Johannis-
beergelee — bestreichen

für den Guß

100 g zartbittere
Schokolade — in kleine Stücke brechen, mit
5 Eßl. Schlagsahne — in einem kleinen Topf im Wasserbad bei schwacher Hitze zu einer geschmeidigen Masse verrühren, die Torte damit überziehen.

Käsetorte
(Knetteig Seite 20ff.)

	Für den Teig
150 g Weizenmehl	*in eine Rührschüssel sieben*
40 g Zucker	
1 Päckchen	
Vanillin-Zucker	
100 g weiche Butter	
oder Margarine,	
z. B. Sanella	*hinzufügen*

*alle Zutaten mit einem Hand-
rührgerät mit Knethaken zunächst
kurz auf niedrigster, dann auf
höchster Stufe gut durcharbeiten,
anschließend auf der Tischplatte zu
einem glatten Teig verkneten, sollte
er kleben, ihn eine Zeitlang kalt
stellen
den Teig auf dem gefetteten Boden
einer Springform (Durchmesser
etwa 28 cm) ausrollen, den
Springformrand innen mit Alufolie
auslegen (Foto 1), um den Boden
legen*

für den Belag

250 g weiche Butter	*geschmeidig rühren, nach und nach*
200 g Zucker	
1 Päckchen	
Vanillin-Zucker	
7 Eigelb, Salz	
abgeriebene Schale	
von 1 Zitrone	
(unbehandelt)	
3 Eßl. Zitronensaft	*unterrühren, nach und nach*
1 kg Magerquark	*mit*
1 Päckchen	
Käsekuchen-Hilfe	*unter den Teig rühren*
7 Eiweiß	*steif schlagen, unter die Käsemasse*

*heben (Foto 2)
die Käsemasse auf dem Teigboden
verteilen (Foto 3), glattstreichen
(Foto 4)
die Form auf dem Rost in den
Backofen schieben*

(Fortsetzung Seite 74)

Ratgeber Mehl

Die Verarbeitung des Getreidekorns zum Mehl ist ein langer und aufwendiger Weg.

Der Mahlprozeß des gereinigten und gelagerten Getreides erfordert bis zu 20 Vermahlungsstufen.

Es beginnt mit dem Mahlen des Korns auf Walzen zu Schrot. Durch Absieben werden Kleie und Keimling entfernt. Durch weiteres Sieben werden die verschieden großen Mehlkörperteilchen nach ihrer Größe getrennt. Weiteres Zerkleinern während der folgenden Mahlstufen ergibt Grieß. Die nächste Ausmahlungsstufe nennt man Dunst, im Handel als besonders feinkörniges griffiges Mehl bekannt. Danach erfolgt die letzte Ausmahlung zu dem meist-verbreiteten feinweißen Mehl der Type 405.

Mehle mit einer höheren Typenzahl (z. B. Type 1050) werden in einer der vielen Zwischenstufen vermahlen. Vollkornmehl besteht aus dem ganzen Korn, also auch aus Randschichten und Keimling.

Strom	
Ober-/Unterhitze	160 – 175 (vorgeheizt)
Heißluft	Etwa 150 (nicht vorgeheizt)
Gas	Etwa 2 (vorgeheizt)
Backzeit	70 – 80 Minuten

die gebackene Torte noch 30 – 45 Minuten im ausgeschalteten Backofen bei etwas geöffneter Backofentür stehenlassen, erst dann herausnehmen und in der Form erkalten lassen.

Buttercremetorte
(Biskuitteig Seite 13ff.)

Für den Teig

3 Eier 3 – 4 Eßl. heißes Wasser	mit einem Handrührgerät mit Rührbesen auf höchster Stufe in 1 Minute schaumig schlagen
150 g Zucker 1 Päckchen Vanillin-Zucker	mischen, in 1 Minute einstreuen, dann noch etwa 2 Minuten schlagen
100 g Weizenmehl 100 g Speisestärke 3 gestrichenen Teel. Backpulver	mit mischen, die Hälfte davon auf die Eiercreme sieben, kurz auf niedrigster Stufe unterrühren den Rest des Mehl-Gemisches auf dieselbe Weise unterarbeiten

oder

4 Eier 2 Eßl. heißes Wasser	mit einem Handrührgerät mit Rührbesen auf höchster Stufe in 1 Minute schaumig schlagen
150 g Zucker 1 Päckchen Vanillin-Zucker	mit mischen, in 1 Minute einstreuen, dann noch etwa 2 Minuten schlagen
100 g Weizenmehl 100 g Speisestärke 2 gestrichenen Teel. Backpulver	mit mischen, die Hälfte davon auf die Eiercreme sieben, den Rest des Mehl-

Gemisches auf dieselbe Weise unterarbeiten, den Teig in eine Springform
(Durchmesser 28 cm, Boden gefettet,
mit Back-Papier belegt) füllen, die
Form auf dem Rost in den Backofen
schieben

Strom

Ober-/Unterhitze	175–200 (vorgeheizt)
Heißluft	150–160 (nicht vorgeheizt)
Gas	3–4 (nicht vorgeheizt)
Backzeit	20–30 Minuten

den Tortenboden aus der Form lösen,
erkalten lassen

für die Buttercreme
aus

1 Päckchen
Pudding-Pulver
Vanille-Geschmack
75–100 g Zucker
500 ml (¹/₂ l) Milch

nach Vorschrift auf dem Päckchen
(aber mit 75–100 g Zucker) einen
Pudding zubereiten, kalt stellen,
ab und zu durchrühren

250 g Butter

geschmeidig rühren, den erkalteten
Pudding eßlöffelweise darunter-
geben (darauf achten, daß weder
Butter noch Pudding zu kalt sind,
da dann die sogenannte
Gerinnung eintritt)
den Tortenboden zweimal
durchschneiden (Foto 1)
den unteren Boden mit gut ¼ der
Buttercreme bestreichen (Foto 2)
nach Belieben den Boden zunächst
mit 2–3 Eßl. Konfitüre bestreichen,
(Foto 3), den zweiten darauflegen,
mit knapp der Hälfte der restlichen
Creme bestreichen, mit dem dritten
Boden bedecken, Rand und obere
Seite der Torte dünn und gleichmäßig
mit etwas von der zurückgelassenen
Creme bestreichen, den Rand der
Torte mit

abgezogenen,
gehobelten, ge-
bräunten Mandeln

bestreuen (Foto 4), die Torte mit der
restlichen Creme verzieren, nach
Belieben garnieren.

Obsttorte

(Rührteig Seite 10ff.)

	Für den Teig
75 g weiche Margarine, z. B. Sanella oder Butter	mit einem Handrührgerät mit Rührbesen auf höchster Stufe in etwa ¹/₂ Minute geschmeidig rühren, nach und nach

75 g Zucker 1 Päckchen Vanillin-Zucker Salz	unterrühren, so lange rühren, bis eine gebundene Masse entstanden ist
2 Eier	nach und nach unterrühren (jedes Ei etwa ¹/₂ Minute)
125 g Weizenmehl 1 gestrichenen Teel. Backpulver	mit
	mischen, sieben, nach und nach mit
1 Eßl. Milch	auf mittlerer Stufe unterrühren den Teig in eine gefettete Obstform (Durchmesser etwa 28 cm) füllen oder in gefettete Tortelettförmchen glattstreichen, die Form (Förmchen) auf dem Rost in den Backofen schieben

Strom	
Ober-/Unterhitze	175–200 (vorgeheizt)
Heißluft	160–170 (nicht vorgeheizt)
Gas	3–4 (nicht vorgeheizt)
Backzeit	20–25 Minuten

	für den Belag
1 kg rohes Obst (z. B. Erdbeeren, Johannisbeeren, Kiwis, Heidelbeeren, Weintrauben, Orangen, Bananen)	waschen, gut abtropfen lassen, entstielen (Foto 1), verlesen oder schälen, halbieren oder in Scheiben schneiden (Foto 2), mit

(Fortsetzung Seite 78)

Zucker *oder beliebiges gedünstetes oder eingemachtes Obst*	*bestreuen, kurze Zeit stehenlassen*
	abtropfen lassen, die Früchte auf den Tortenboden legen (Foto 3, Seite 76)
	für den Tortenguß aus
1 Päckchen Tortenguß Zucker nach Angabe auf dem Tortenguß- Päckchen 250 ml (¼ l) Wasser oder Fruchtsaft	*nach Vorschrift auf dem Päckchen zubereiten, auf das Obst geben (Foto 4, Seite 76).*

Ratgeber Back-geräte (1)

Richtige, zweckmäßige Geräte sind besonders für den Anfänger unentbehrliche Backhelfer. Eine gute Qualität beeinflußt nicht unwesentlich die Backergebnisse.

Waagen und Meßbecher sind entscheidend, damit die Rezepturen genau nachvollzogen werden können.

Teigrädchen werden benötigt zum Ausschneiden ausgerollter Teige, die damit einen dekorativen Rand erhalten.

Kuchengitter dienen zum fachgerechten Auskühlen von Gebäck. Kühlt das Gebäck auf Kuchenplatten aus, beginnt die Unterseite zu schwitzen und wird feucht.

Ein Kurzzeitwecker hilft, die genaue Backzeit einzuhalten.

Mohn-Apfel-Torte
(Knetteig Seite 20ff.)

	Für den Teig
200 g Weizenmehl 3 g (1 gestrichener Teel.) Backpulver 125 g Zucker 1 Päckchen Vanillin-Zucker Salz ½ Eigelb 1 Eiweiß 125 g weiche Butter 150 g gemahlene, leicht geröstete Haselnußkerne	*mit mischen, in eine Rührschüssel sieben hinzufügen die Zutaten mit einem Handrührgerät mit Knethaken zunächst kurz auf niedrigster, dann auf höchster Stufe gut durcharbeiten, anschließend auf der Tischplatte zu einem glatten Teig verkneten, sollte er kleben, ihn eine Zeitlang kalt stellen*

für die Mohnfüllung

250 g frisch
gemahlenen Mohn   mit
150 ml heißer Milch
50 g Butter   gut verrühren (Foto 1), etwa
15 Minuten zum Quellen stehen-
lassen, kalt stellen

für die Apfelfüllung

etwa 1 kg Äpfel
(z. B. Boskop)   schälen, vierteln, entkernen, in sehr
kleine Stücke schneiden, mit

75 g Zucker
1 Messerspitze ge-
mahlenem Zimt   unter Rühren leicht dünsten lassen,
kalt stellen
knapp ⅓ des Teiges dünn ausrollen,
mit einer runden, gezackten Form
(Durchmesser etwa 3 cm) 8 Kreise
ausstechen (Foto 2), beiseite legen
gut die Hälfte des restlichen Teiges
auf dem gefetteten Boden einer
Springform (Durchmesser
etwa 28 cm) ausrollen, den Rest des
Teiges zu einer Rolle formen, sie als
Rand auf den Teigboden legen, so an
die Form drücken, daß ein etwa 3 cm
hoher Rand entsteht (Foto 3), unter
die abgekühlte Mohnmasse

1 Päckchen
Dessert-Soße
Vanille-Geschmack
125 g Zucker
1 Ei   rühren, auf den Teigboden streichen,
die erkaltete Apfelfüllung
gleichmäßig darauf verteilen, mit den
Teigplätzchen belegen
(Foto 4)

½ Eigelb   mit
1 Teel. Milch   verschlagen, die Teigplätzchen damit
bestreichen

Strom
Ober- und
Unterhitze   175−200 (vorgeheizt)
Heißluft   160−170 (nicht vorgeheizt)
Gas   3−4 (nicht vorgeheizt)
Backzeit   Etwa 40 Minuten.

Linzer Torte

(Knetteig Seite 20ff.)

200 g Weizenmehl	mit
1 gestrichenen Teel. Backpulver	mischen, in eine Rührschüssel sieben
125 g Zucker 1 Päckchen Vanillin-Zucker 2 Tropfen Backöl Bittermandel 1 Messerspitze gemahlene Nelken 1 gestrichenen Teel. gemahlenen Zimt Salz ¹/₂ Eigelb, 1 Eiweiß 125 g weiche Butter 125 g nicht abgezogene, gemahlene Mandeln	hinzufügen, die Zutaten mit einem Handrührgerät mit Knethaken zunächst kurz auf niedrigster, dann auf höchster Stufe gut durcharbeiten, anschließend auf der Tischplatte zu einem glatten Teig verkneten knapp die Hälfte des Teiges zu einer Platte in der Größe einer Springform (Durchmesser etwa 26 cm) ausrollen (Foto 1), 16–20 Streifen daraus rädern (Foto 2) den übrigen Teig auf dem Springformboden ausrollen, mit
100 g Himbeerkonfitüre	bestreichen, dabei am Rand etwa 1 cm Teig frei lassen die Teigstreifen gitterförmig über die Konfitüre legen (Foto 3)
¹/₂ Eigelb 1 Teel. Milch	mit verschlagen, die Teigstreifen damit bestreichen (Foto 4), die Form auf dem Rost in den Backofen schieben

Strom	
Ober-/Unterhitze	175–200 (vorgeheizt)
Heißluft	Etwa 170 (nicht vorgeheizt)
Gas	3–4 (nicht vorgeheizt)
Backzeit	25–30 Minuten.

Sacher Torte
(Biskuitteig Seite 13ff.)

	Für den Teig
6 Eier	
2 Eßl. heißes Wasser	mit einem Handrührgerät mit Rührbesen auf höchster Stufe in 1 Minute schaumig schlagen
175 g Zucker	mit
1 Päckchen Vanillin-Zucker	mischen, in 1 Minute einstreuen, dann noch etwa 2 Minuten schlagen
100 g Weizenmehl 2 Päckchen Pudding-Pulver Feiner Schoko-laden-Pudding 1 gestrichenen Teel. Backpulver	mischen, davon auf die Eiercreme sieben, kurz auf niedrigster Stufe unterrühren, den Rest des Mehl-Gemisches (jeweils ⅓) auf dieselbe Weise unterarbeiten, dabei

100 g zerlassene, abgekühlte Butter — nach und nach hinzufügen (Foto 1) den Teig in eine mit Papier ausgelegte Springform (Durchmesser etwa 28 cm, Boden gefettet, mit Back-Papier belegt) füllen, die Form auf dem Rost in den Backofen schieben

Strom
Ober-/Unterhitze 175–200 (vorgeheizt)
Heißluft 150–160 (nicht vorgeheizt)
Gas 3–4 (nicht vorgeheizt)
Backzeit 35–40 Minuten
den Tortenboden aus der Form lösen, erkalten lassen

für die Füllung

200 g Aprikosen-konfitüre — gut verrühren, den Tortenboden einmal durchschneiden (Foto 2), mit ⅔ der Konfitüre füllen, Rand und obere Seite der Torte dünn und gleichmäßig mit der restlichen Konfitüre bestreichen (Foto 3)

(Fortsetzung Seite 82)

für den Guß

125 g Zartbitter-
Schokolade
etwas Kokosfett

in kleine Stücke brechen, mit
in einem kleinen Topf bei schwacher
Hitze zu einer geschmeidigen Masse
verrühren, die Torte damit überziehen,
sobald der Guß etwas fest geworden
ist, die Torte in 16 – 18 Stücke einteilen (Foto 4, Seite 81).

Beigabe:

Steifgeschlagene Schlagsahne.

Obsttorte
(Knetteig Seite 20ff.)

Für den Teig

150 g Weizenmehl
1/2 gestrichenen
Teel. Backpulver
75 g Zucker
1 Päckchen
Vanillin-Zucker
Salz
1 Ei
75 g weiche
Margarine, z. B.
Sanella oder
Butter

mit

mischen, in eine Rührschüssel sieben

hinzufügen
die Zutaten mit einem Handrührgerät
mit Knethaken zunächst kurz auf
niedrigster, dann auf höchster Stufe
gut durcharbeiten, anschließend auf
der Tischplatte zu einem glatten Teig
verkneten, sollte er kleben, ihn
eine Zeitlang kalt stellen
2/3 des Teiges auf dem Boden einer
Springform (Durchmesser etwa
28 cm) ausrollen (Foto 1), den Springformrand um den Boden legen
(Foto 2), unter den Rest des Teiges

1 gestrichenen Eßl.
Weizenmehl

kneten, zu einer Rolle formen (Foto 3),
sie als Rand auf den Teigboden
legen, so an die Form drücken, daß
ein 2 – 3 cm hoher Rand entsteht
(Foto 4),

den Teigboden mehrmals mit einer Gabel einstechen, die Form auf dem Rost in den Backofen schieben

Strom
Ober- und
Unterhitze 200-225 (vorgeheizt)
Heißluft 170—180 (nicht vorgeheizt)
Gas 3—4 (nicht vorgeheizt)
Backzeit 15—20 Minuten
den ausgekühlten Tortenboden gleichmäßig mit
Sahnesteif bestreuen, damit der mit Obst belegte Boden nicht durchweicht

für den Belag

1 kg rohes Obst
(z. B. Erdbeeren,
Himbeeren,
Johannisbeeren,
Heidelbeeren,
Weintrauben) waschen (Himbeeren nur verlesen), gut abtropfen lassen, entstielen oder verlesen mit
Zucker bestreuen, kurze Zeit stehenlassen
o d e r
gedünstetes oder
eingemachtes Obst
(z. B. Aprikosen,
Pfirsiche,
Sauerkirschen,
Stachelbeeren) gut abtropfen lassen, die Früchte auf den Tortenboden legen

für den Guß
aus

1 Päckchen Torten-
guß
Zucker nach
Angabe auf
dem Tortenguß-
Päckchen
250 ml (¼ l)
Wasser oder
Fruchtsaft nach Vorschrift auf dem Päckchen zubereiten, auf das Obst geben, die Torte am Rand mit

abgezogenen,
gehobelten
Mandeln garnieren.

Ratgeber Back-geräte (2)

Mit Backpinseln werden Backformen gefettet, Gebäck bestrichen und Glasuren aufgetragen.

Teigschaber dienen zum Umfüllen von Teig aus der Rührschüssel und zum Verstreichen des Teiges auf dem Blech oder in der Form.

Spritzbeutel mit verschiedenen Tüllen werden benötigt, um Teig (z. B. für Spritzgebäck) zu spritzen, bzw. Gebäck zu verzieren.

Mit Ausstechförmchen können Kekse und Dekorationen (z. B. für die Mohn-Apfel-Torte) ausgestochen werden.

Mit einer Teigrolle aus Holz oder Kunststoff werden Teige gleichmäßig ausgerollt und feste Zutaten, z. B. Krokant, zerkleinert.

Apfel- oder Kirschtorte, gedeckt

(Knetteig Seite 20ff.)

	Für den Teig
300 g Weizenmehl	mit
2 gestrichenen	
Teel. Backpulver	mischen, in eine
	Rührschüssel sieben

100 g Zucker	
1 Päckchen	
Vanillin-Zucker	
Salz	
1/2 Eigelb	
1 Eiweiß	
1 Eßl. Milch	
150 g weiche	
Margarine, z. B.	
Sanella oder	
Butter	hinzufügen

die Zutaten mit einem Handrührgerät mit Knethaken zunächst kurz auf niedrigster, dann auf höchster Stufe gut durcharbeiten, anschließend auf der Tischplatte mit dem Handballen zu einem glatten Teig verkneten (Foto 1), sollte er kleben, ihn eine Zeitlang kalt stellen
knapp die Hälfte des Teiges auf dem gefetteten Boden einer Springform (Durchmesser etwa 28 cm) ausrollen, mehrmals mit einer Gabel einstechen, Springformring darum geben, die Form auf dem Rost in den Backofen schieben

Strom	
Ober- und	
Unterhitze	200–225 (vorgeheizt)
Heißluft	170–180 (nicht vorgeheizt)
Gas	3–4 (nicht vorgeheizt)
Backzeit	15–20 Minuten

	für die Apfelfüllung
50 g Rosinen	verlesen
etwa 2 kg Äpfel	schälen, vierteln, entkernen (Foto 2), in kleine Stücke schneiden, mit
1 Eßl. Wasser	

50 g Zucker ¹/₂ Teel. gemahlenem Zimt	und den Rosinen unter Rühren dünsten (Foto 3, Seite 84), etwas abkühlen lassen, mit
etwa 50 g Zucker einigen Tropfen Rum-Aroma oder Backöl Zitrone	abschmecken
o d e r 1 kg Sauerkirschen	für die Kirschfüllung waschen, abtropfen lassen, entstielen, entsteinen, mit
100 g Zucker	mischen, kurze Zeit zum Saftziehen stehenlassen, nur eben zum Kochen bringen, abtropfen lassen, wenn Saft und Kirschen kalt sind, 250 ml (¼ l) Saft abmessen (evtl. mit Wasser ergänzen)
20 g Speisestärke	mit 4 Eßl. von dem Saft anrühren, den übrigen Saft zum Kochen brin- gen, die Speisestärke unter Rühren in den von der Kochstelle genommenen Saft geben, kurz aufkochen lassen, die Kirschen unter- rühren, kalt stellen, mit
etwa 1 Eßl. Zucker	abschmecken den übrigen Teig zu einer Platte in der Größe der Springform ausrollen, den Rest zu einer Rolle formen, sie als Rand auf den vorgebackenen Boden legen, so an die Form drücken, daß ein etwa 3 cm hoher Rand entsteht die Füllung auf den Boden streichen, die Teigplatte darauflegen
½ Eigelb 1 Eßl. Milch	mit verschlagen, die Teigplatte damit bestreichen, mit einer Gabel mehr- mals einstechen oder mit einem Teigrädchen ein Gittermuster rädern (Foto 4, Seite 84), in den vorgeheizten Backofen schieben

Strom	
Ober-/Unterhitze	200–225 (vorgeheizt)
Heißluft	Etwa 170 (nicht vorgeheizt)
Gas	3–4 (nicht vorgeheizt)
Backzeit	20–30 Minuten.

Ratgeber Gewürze und Aromen

Duft und Geschmack von Gebäck stammt von Gewürzen und Aromen. Sie sollten gezielt und sparsam eingesetzt werden, da sie nur dann ihr Ziel erreichen.

Die wichtigsten Aromaträger beim Backen sind Vanillin-Zucker, Zimt, Bittermandeln, die ätherischen Öle aus Zitronen und Orangen und Rum.

Vanillin-Zucker ist der am häufigsten verwendete Vanille-Aromastoff. Er ist in Päckchen abgepackt im Handel erhältlich.

Zimt ist die getrocknete Innenrinde des Zimtbaumes. Für die Zubereitung von Gebäck ist der milde Ceylon-Zimt besser geeignet als Kassia-Zimt, der sich besser zum Kochen eignet.

Abgeriebene Zitronen- oder Orangenschale würzt durch den Gehalt an ätherischen Ölen. Zum Abreiben sollten unbehandelte Früchte verwendet werden.

Kleingebäck

Am besten, man hat es immer griffbereit. Denn was paßt besser als Kleingebäck, wenn mal schnell Besuch vorbeikommt oder Sie selbst sich eine halbe Stunde Ruhe gönnen.

Kleingebäck, diese unaufdringliche Alternative zum großen Kuchen: schnell gemacht und immer gerne gegessen. Bei den leckeren kleinen Kuchen sind Ihrer Phantasie keine Grenzen gesetzt. Von fruchtig-süß bis knusprig-nussig reicht die geschmackliche Bandbreite.

Nuß- oder Kokosecken

(Foto Seite 86/87 – Knetteig Seite 20ff.)

	Für den Teig
150 g Weizenmehl	mit
¹/₂ gestrichenen	
Teel. Backpulver	mischen, in eine Rührschüssel sieben
65 g Zucker	
1 Päckchen	
Vanillin-Zucker	
Salz, 1 Ei	
65 g weiche	
Margarine,	
z.B. Sanella	hinzufügen
	die Zutaten mit einem Handrührgerät
	mit Knethaken zunächst kurz auf
	niedrigster, dann auf höchster Stufe
	kurz durcharbeiten, anschließend
	auf der Tischplatte zu einem glatten
	Teig verkneten, sollte er kleben, ihn
	eine Zeitlang kalt stellen
	den Teig zu einem Rechteck
	(32 × 24 cm) auf einem Backblech
	ausrollen, mit
2 Eßl. Aprikosen-konfitüre	bestreichen (Foto 1)
	für den Belag
100 g Butter	
100 g Zucker	
1 Päckchen	
Vanillin-Zucker	
2 Eßl. Wasser	langsam erwärmen, zerlassen
75 g gemahlene	
Haselnußkerne	
125 g gehobelte	
Haselnußkerne	
oder	
200 g Kokosraspeln	unterrühren, etwas abkühlen
	lassen, die Masse gleichmäßig
	auf dem Teig verteilen (Foto 2),
	vor den Teig einen mehrfach umge-
	knickten Streifen Alufolie legen,
	so daß ein Rand entsteht
	das Backblech in den Backofen
	schieben
Strom	
Ober-/Unterhitze	175–200 (vorgeheizt)

Heißluft	160–170 (nicht vorgeheizt)
Gas	3–4 (vorgeheizt)
Backzeit	20–30 Minuten
	das Gebäck etwas abkühlen lassen, in Vierecke (8 × 8 cm) schneiden, diese so in Hälften teilen, daß Dreiecke entstehen (Foto 3, Seite 88)

	für den Guß
50 g Kuvertüre	mit
etwas Kokosfett	in einem kleinen Topf im Wasserbad bei schwacher Hitze zu einer geschmeidigen Masse verrühren, die beiden spitzen Ecken des Gebäcks in den Guß tauchen (Foto 4, Seite 88).

Löffelbiskuits

(Biskuitteig Seite 13ff.)

	Ein Backblech fetten, leicht mit Weizenmehl bestäuben (Foto 1)
2 Eier	
50 g Zucker	
1 Päckchen	
Vanillin-Zucker	mit einem Handrührgerät mit Rührbesen auf höchster Stufe in 1 Minute cremig schlagen
50 g Weizenmehl	mit
30 g Speisestärke	
1 gestrichenen	
Teel. Backpulver	mischen, auf die Eiercreme sieben (Foto 2), kurz auf niedrigster Stufe unterrühren
	den Teig in einen Spritzbeutel (mit Lochtülle) füllen (Foto 3), in Form von Löffelbiskuits (nicht zu groß, Teig geht noch auf) auf das Backblech spritzen (Foto 4), in den Backofen schieben

Strom	
Ober- und	
Unterhitze	175–200 (vorgeheizt)
Heißluft	160–170 (nicht vorgeheizt)
Gas	2–3 (vorgeheizt)
Backzeit	Etwa 10 Minuten.

Waffeln

(Rührteig Seite 10ff.)

175 g Kokosfett	zerlassen, wieder etwas fest werden lassen, mit einem Handrührgerät mit Rührbesen auf höchster Stufe in etwa $1/2$ Minute geschmeidig rühren, nach und nach
175 g feinkörnigen Zucker 1 Päckchen Vanillin-Zucker	unterrühren, so lange rühren, bis eine gebundene Masse entstanden ist (Foto 1)
4 Eier Salz $1/2$ Fläschchen Rum-Aroma	nach und nach hinzugeben (jedes Ei etwa $1/2$ Minuten unterrühren)
200 g Weizenmehl 50 g Speisestärke $1/2$ gestrichenen Teel. Backpulver	mit mischen, sieben, nach und nach auf mittlerer Stufe unterrühren (Foto 2), ein Waffeleisen gut erhitzen, mit Fett einpinseln (Foto 3) den Teig in nicht zu großen Portionen in das Waffeleisen füllen (Foto 4), sofort gut verstreichen, die Waffeln von beiden Seiten goldbraun backen, einzeln auf einem Kuchenrost erkalten lassen, nach Belieben mit
Puderzucker	bestäuben.
Tip:	Die Waffeln können auch mit geschlagener Sahne, Früchten oder Kompott serviert werden.

Berliner
(Hefeteig Seite 23ff.)

500 g Weizenmehl	in eine Rührschüssel sieben, mit
1 Päckchen Trocken-Backhefe	sorgfältig vermischen
30 g Zucker	
1 Päckchen Vanillin-Zucker	
3 Tropfen Backöl Bittermandel	
1 gestrichenen Teel. Salz	
2 Eier	
1 Eigelb	
125 ml (⅛ l) lauwarme Milch	
100 g zerlassene, abgekühlte Butter oder Margarine, z. B. Sanella	hinzufügen

die Zutaten mit einem Handrührgerät mit Knethaken zunächst auf niedrigster, dann auf höchster Stufe in 5 Minuten zu einem Teig verarbeiten, sollte er kleben, noch etwas Mehl hinzufügen (aber nicht zu viel, der Teig muß weich bleiben) den Teig so lange an einem warmen Ort stehenlassen, bis er sich sichtbar vergrößert hat, ihn dann auf der Tischplatte nochmals gut durchkneten den Teig etwa 1/2 cm dick ausrollen, mit einer runden Form (Durchmesser etwa 7 cm) ausstechen (Foto 1), die Hälfte der Teigplatten am Rand dünn mit

Eiweiß	bestreichen (Foto 2), in die Mitte jeweils
etwas Konfitüre	geben (Foto 3), die übrigen Teigplatten darauflegen, die Teigränder gut andrücken, die Teigstücke nochmals so lange an einem warmen Ort gehen lassen, bis sie sich sichtbar vergrößert haben

(Fortsetzung Seite 94)

die Bällchen schwimmend in siedendem

Ausbackfett (Speiseöl oder Kokosfett)

auf beiden Seiten backen (Foto 4, Seite 92), mit einem Schaumlöffel herausnehmen, auf einem Kuchenrost abtropfen lassen, in

Zucker   wälzen.

Hobelspäne oder Räderkuchen

(Knetteig Seite 20ff.)

500 g Weizenmehl   mit
1 gestrichenen
Teel. Backpulver   mischen, in eine Rührschüssel sieben
100 g Zucker
1 Beutel
Rum-Aroma
3 Eier
4 Eßl. Milch oder
Wasser
125 g weiche
Margarine
oder Butter   hinzufügen

die Zutaten mit einem Handrührgerät mit Knethaken zunächst kurz auf niedrigster, dann auf höchster Stufe gut durcharbeiten, anschließend auf der Tischplatte mit dem Handballen zu einem glatten Teig verkneten (Foto 1), sollte er kleben, ihn eine Zeitlang kalt stellen, den Teig dünn ausrollen, Streifen ausrädeln (Foto 2), in der Mitte einschneiden (Foto 3), das eine Ende einmal durchziehen (Foto 4)

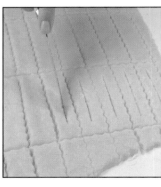

die Hobelspäne schwimmend in siedendem

Ausbackfett (Speiseöl oder Kokosfett)

goldbraun backen, mit einem Schaumlöffel herausnehmen, auf einem Kuchenrost abtropfen lassen, mit

Puderzucker   bestäuben.

Eberswalder Spritzkuchen

(Brandteig Seite 25ff.)

250 ml (¼ l) Wasser 50 g Margarine, z. B. Sanella	am besten in einem Stieltopf zum Kochen bringen
150 g Weizenmehl 30 g Speisestärke	mit mischen, sieben, auf einmal in die von der Kochstelle genommene Flüssigkeit schütten, zu einem glatten Kloß rühren (Foto 1), unter Rühren etwa 1 Minute erhitzen, den heißen Kloß sofort in eine Rührschüssel geben, nach und nach

25 g Zucker 1 Päckchen Vanillin-Zucker 4–6 Eier	mit einem Handrührgerät mit Knethaken auf höchster Stufe unterarbeiten (Foto 2) weitere Eizugabe erübrigt sich, wenn der Teig stark glänzt und so von einem Löffel abreißt, daß lange Spitzen hängenbleiben

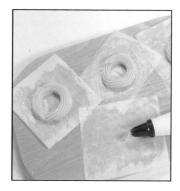

1 gestrichenen Teel. Backpulver	in den erkalteten Teig arbeiten, ihn in einen Spritzbeutel (weite Tülle) füllen, auf gefettete Pergamentpapiere (etwa 10 × 10 cm groß) in Form von Kränzen spritzen (Foto 3) durch Eintauchen der Papiere in siedendes
Ausbackfett (Speise- öl oder Kokosfett)	die Kränzchen lösen, schwimmend auf beiden Seiten hellbraun backen (Foto 4), mit einem Schaumlöffel herausnehmen, auf einem Kuchenrost abtropfen lassen

	für den Guß
200 g Puderzucker 2 Eßl. Zitronensaft etwa 2 Eßl. heißem Wasser	sieben, mit glattrühren, so daß eine dickflüssige Masse entsteht, das Gebäck damit überziehen.

Windbeutel
(Brandteig Seite 25ff.)

	Für den Teig
250 ml (¼ l) Wasser	
50 g Margarine	am besten in einem Stieltopf zum Kochen bringen
150 g Weizenmehl	mit
30 g Speisestärke	mischen, sieben, auf einmal in die von der Kochstelle genommene Flüssigkeit schütten, zu einem glatten Kloß rühren, unter Rühren etwa 1 Minute erhitzen, den heißen Kloß sofort in eine Rührschüssel geben, nach und nach

4–6 Eier	mit einem Handrührgerät mit Knethaken auf höchster Stufe unterarbeiten, weitere Eizugabe erübrigt sich, wenn der Teig stark glänzt und so von einem Löffel abreißt, daß lange Spitzen hängenbleiben
1 Teel. Backpulver	in den erkalteten Teig arbeiten, mit 2 Löffeln (Foto 1) oder mit einem Spritzbeutel 12 Teighäufchen auf ein gefettetes, mit Weizenmehl bestäubtes Backblech setzen (Foto 2), in den vorgeheizten Backofen schieben

Strom	
Ober-/Unterhitze	200–225 (vorgeheizt)
Heißluft	170–180 (nicht vorgeheizt)
Gas	4–5 (vorgeheizt)
Backzeit	25–30 Minuten während der ersten 15 Minuten Backzeit die Backofentür nicht öffnen, da das Gebäck sonst zusammenfällt, sofort nach dem Backen von jedem Windbeutel einen Deckel abschneiden (Foto 3)

	für die Füllung
500 g Sauerkirschen	waschen, entstielen, entsteinen, mit
50 g Zucker	mischen, einige Zeit zum Saftziehen stehenlassen, nur eben zum Kochen bringen

(Fortsetzung Seite 98)

Ratgeber Glasuren

Glasuren tragen dazu bei, daß die Gebäckstücke länger saftig bleiben; d. h. sie verhindern ein schnelles Austrocknen des Gebäcks.

Glasuren müssen die richtige Konsistenz haben, um gut haften zu bleiben und den Teig gleichmäßig abzudekken.

Zu dünne Glasuren dekken nicht ab und sickern in den Kuchenteig. Damit die Glasur nicht in den Teig einsickern kann, sollte der Kuchen vorher mit einer glattgerührten Konfitüre bestrichen werden.

Soll Kleingebäck völlig mit Glasur überzogen werden, dieses auf einer Gabel in die Glasur eintauchen und auf einem Kuchengitter abtropfen lassen.

---

oder
etwa 360 g entsteinte, gedünstete
Sauerkirschen

die Kirschen abtropfen lassen
wenn Saft und Kirschen kalt sind,
125 ml (⅛ l) Saft abmessen (evtl. mit
Wasser ergänzen)

15 g Speisestärke *mit dem Saft anrühren, unter Rühren*
zum Kochen bringen, kurz aufkochen
lassen, die Kirschen unterrühren,
kalt stellen, mit Zucker
abschmecken

500 ml (¹/₂ l)
Schlagsahne *¹/₂ Minute schlagen*
25 g Puderzucker *sieben, mit*
1 Päckchen
Vanillin-Zucker
2 Päckchen
Sahnesteif *einstreuen, die Sahne steif schlagen*
in jeden Windbeutel etwas von der
erkalteten Kirschmasse geben
(Foto 4, Seite 96), darauf die Sahne
spritzen, auf jeden Windbeutel einen
Deckel legen, mit
Puderzucker *bestäuben*

Florentiner Törtchen
(Knetteig Seite 20ff.)

Für den Teig
150 g Weizenmehl *mit*
½ gestrichenen
Teel. Backpulver
50 g Zucker
1 Päckchen
Vanillin-Zucker
1 Ei
75 g weicher Butter *hinzufügen*
die Zutaten mit einem Knethaken
zunächst kurz auf niedrigster, dann
auf höchster Stufe gut durcharbeiten,
anschließend auf der Tischplatte zu
einem glatten Teig verkneten, sollte er
kleben, ihn eine Zeitlang kalt stellen,
den Teig etwa 3 mm dick ausrollen,
runde Plätzchen (Durchmesser

etwa 8 cm) ausstechen, auf ein
gut gefettetes Backblech legen,
im Backofen hellgelb vorbacken
(Foto 1)

Strom
Ober- und
Unterhitze   200–225 (vorgeheizt)
Heißluft   Etwa 170 (nicht vorgeheizt)
Gas   3–4 (nicht vorgeheizt)
Backzeit   5–7 Minuten

für den Belag

50 g Butter   mit
100 g Zucker
1 Päckchen
Vanillin-Zucker
2 Eßl. Honig   unter Rühren karamelisieren lassen
125 ml (⅛ l)
Schlagsahne   hinzufügen, rühren (Foto 2), bis
sich die Karamelmasse gelöst hat

100 g abgezogene,
gehobelte Mandeln
100 g in Scheiben
geschnittene
Haselnußkerne
25 g in Stücke
geschnittene
Belegkirschen   dazugeben, so lange unter Rühren
erhitzen, bis die Masse gebunden ist

5 Tropfen
Rum-Aroma   unterrühren
die Masse mit 2 Teelöffeln auf die
vorgebackenen Plätzchen verteilen
(Foto 3), in den Backofen
schieben

Strom
Ober- und
Unterhitze   200–225 (vorgeheizt)
Heißluft   Etwa 170 (nicht vorgeheizt)
Gas   3–4 (nicht vorgeheizt)
Backzeit   10–12 Minuten

für den Guß

75 g dunkle
Kuvertüre   in einem kleinen Topf im Wasserbad
bei schwacher Hitze zu einer
geschmeidigen Masse verrühren,
die erkalteten Törtchen auf der
Unterseite damit bestreichen (Foto 4).

Kekse

Nicht nur zur Weihnachts-
zeit schmecken die klei-
nen, süßen Kekse. Schon
beim Backen zieht ihr
Duft angenehm durch die
Räume und verrät den gu-
ten Geschmack der klei-
nen Köstlichkeiten.

Im Großen hergestellt,
halten sich die Kekse gut
in fest schließbaren Do-
sen. Ideal zum Tee oder
Kaffee, beim gemütlichen
Zusammensein oder ei-
nem Fernsehabend.

Suchen Sie sich aus der
Vielzahl der Keksrezepte
Ihren Favoriten heraus,
mag er knusprig oder
leicht, raffiniert oder ein-
fach sein.

Schwarz-Weiß-Gebäck
(Knetteig Seite 20ff.)

	Für den hellen Teig
250 g Weizenmehl	mit
1 gestrichenen Teel. Backpulver	mischen, in eine Rührschüssel sieben
150 g Zucker	
1 Päckchen Vanillin-Zucker	
Salz	
1 Fläschchen Rum-Aroma	
1 Ei	
125 g weiche Margarine oder Butter	hinzufügen

die Zutaten mit einem Handrührgerät mit Knethaken zunächst kurz auf niedrigster, dann auf höchster Stufe gut durcharbeiten, anschließend auf der Tischplatte zu einem glatten Teig verkneten, sollte er kleben, ihn eine Zeitlang kalt stellen

für den dunklen Teig

15 g Kakao	mit
15 g Zucker	
1 Eßl. Milch	verrühren, unter die Hälfte des Teiges kneten, die beiden Teige folgendermaßen zusammensetzen:

für ein Schneckenmuster
den hellen und den dunklen Teig zu gleichmäßig großen Rechtecken ausrollen, eines dünn mit

Eiweiß bestreichen, das zweite darauf legen, ebenfalls bestreichen, fest zusammenwickeln (Foto 1)

für ein Schachbrettmuster
aus dem je 1 cm dick ausgerollten hellen Teig 6, aus dem dunklen Teig 6 je 1 cm breite Streifen von gleicher Länge schneiden, mit Eiweiß bestreichen, abwechselnd über- einanderlegen, in dünn ausgerollten Teig wickeln (Foto 2)

aus dem dunklen Teig eine 3 cm dicke Rolle formen, den hellen Teig $1/2$ cm dick ausrollen, mit Eiweiß bestreichen, die dunkle Rolle darin einwickeln (Foto 3), aus dem dunklen Teig 2 cm dicke Rollen formen, die Rollen mit Eiweiß bestreichen, den hellen Teig $1/2$ cm dick ausrollen, den dunklen Teig darin wickeln, jeweils 3 Rollen zusammensetzen (Foto 4) sämtliche Teigstangen eine Zeitlang kalt stellen, in gleichmäßige Scheiben schneiden, auf ein Backblech legen, in den Backofen schieben

Strom	
Ober- und Unterhitze	175–200 (vorgeheizt)
Heißluft	160–170 (nicht vorgeheizt)
Gas	3–4 (vorgeheizt)
Backzeit	10–15 Minuten.

Teegebäck

(Knetteig Seite 20ff.)

250 g Weizenmehl	mit
1 gestrichenen Teel. Backpulver	mischen, in eine Rührschüssel sieben
75 g Zucker	
1 Päckchen Vanillin-Zucker	
Salz	
1 Ei	
125 g weiche Margarine, z. B. Sanella oder Butter	hinzufügen

die Zutaten mit einem Handrührgerät mit Knethaken zunächst kurz auf niedrigster, dann auf höchster Stufe kurz durcharbeiten, anschließend auf der Tischplatte zu einem glatten Teig verkneten, sollte er kleben, ihn eine Zeitlang kalt stellen

(Fortsetzung Seite 104)

Ratgeber Aufbewahren von Keksen

Alle vom Backblech genommenen Kekse müssen auf einem Kuchenrost zunächst gut auskühlen.

Erst wenn sie völlig erkaltet sind, können sie zur Aufbewahrung verpackt werden. Alle Kekse müssen kühl und trocken aufbewahrt werden.

Kekse, die knusprig bleiben sollen, werden in gut schließende Dosen gelegt. Es können mehrere Sorten Gebäck gleicher Teigart in einer Dose aufbewahrt werden, zweckmäßigerweise jeweils durch eine Lage Alufolie oder Pergamentpapier getrennt. Stark gewürzte Plätzchen müssen jedoch gesondert verpackt werden.

aus diesem Teig verschiedene
Plätzchen zubereiten

<u>für die Brezeln</u>
aus dem Teig bleistiftdicke Rollen
formen (Foto 1), zu Brezeln legen
(Foto 2), mit

Milch bestreichen, in
Zucker drücken, auf ein Backblech legen

<u>für Fruchtplätzchen</u>
den Teig dünn ausrollen, runde
Plätzchen und Ringe in gleicher
Größe ausstechen, auf ein
Backblech legen
die erkalteten Plätzchen mit

Konfitüre bestreichen, auf jedes einen mit
Puderzucker bestäubten Ring legen

<u>für gefüllte Plätzchen</u>
den Teig dünn ausrollen, mit einer
runden Form Plätzchen ausstechen,
auf ein Backblech legen
die Hälfte der erkalteten Plätzchen
auf der Unterseite mit

Konfitüre
oder Gelee bestreichen, die übrigen darauf
legen, mit
Puderzucker bestäuben

<u>für Zucker- oder Mandelplätzchen</u>
den Teig dünn ausrollen, runde
Plätzchen ausstechen, auf ein
Backblech legen, mit

Milch bestreichen, mit
Zucker oder
abgezogenen, ge-
hackten,
gehobelten
Mandeln bestreuen (Foto 3) oder mit
Hagelzucker bestreuen (Foto 4)
das Backblech in den Backofen
schieben

Strom
Ober- und
Unterhitze 175–200 (vorgeheizt)
Heißluft 160–170 (nicht vorgeheizt)
Gas 3–4 (vorgeheizt)
Backzeit Für jedes Gebäck 8–10 Minuten.

Heidesand
(Rührteig Seite 10ff.)

250 g Butter	zerlassen, bräunen (Foto 1), in eine Rührschüssel geben, kalt stellen die wieder fest gewordene Butter mit einem Handrührgerät mit Rührbesen in etwa $1/2$ Minute geschmeidig rühren, nach und nach
200 g Zucker 1 Päckchen Vanillin-Zucker Salz 2–3 Eßl. Milch	unterrühren, so lange rühren, bis eine gebundene Masse entstanden ist mit
375 g Weizenmehl 1 gestrichenen Teel. Backpulver	mischen, sieben, $2/3$ davon eßlöffelweise auf mittlere Stufe unterrühren, den Teigbrei mit dem Rest des Mehls auf der Tischplatte zu einem glatten Teig verkneten (Foto 2), daraus etwa 3 cm dicke Rollen formen (Foto 3), kalt stellen, bis sie hart geworden sind die Rollen in etwa $1/2$ cm dicke Scheiben schneiden (Foto 4), auf ein Backblech legen, in den Backofen schieben

Strom
Ober- und
Unterhitze 175–200 (vorgeheizt)
Heißluft 160–170 (nicht vorgeheizt)
Gas 2–3 (vorgeheizt)
Backzeit 10–15 Minuten.

Mutzenmandeln

(Knetteig Seite 20ff.)

500 g Weizenmehl	mit
2 gestrichenen	
Teel. Backpulver	mischen, in eine Rührschüssel sieben
150 g Zucker	
1 Beutel	
Rum-Aroma	
3 Eier	
Salz	
150 g weiche	
Margarine,	
z. B. Sanella,	
oder Butter	hinzufügen

die Zutaten mit einem Handrührgerät mit Knethaken zunächst kurz auf niedrigster, dann auf höchster Stufe gut durcharbeiten

anschließend auf der Tischplatte zu einem glatten Teig verkneten, sollte er kleben, ihn eine Zeitlang kalt stellen

den Teig etwa 1 cm dick ausrollen, Mutzenmandeln mit einer Mutzenmandelform ausstechen (Foto 1), oder mit 2 Teelöffeln formen (Foto 2), schwimmend in siedendem

Ausbackfett (Speise-
öl oder Kokosfett)   goldgelb backen, mit einem Schaumlöffel herausnehmen (Foto 3), auf einem Kuchenrost gut abtropfen lassen, noch heiß in

Zucker   wälzen (Foto 4).

Tatzen und Tupfen

(Rührteig Seite 10ff.)

250 g Butter oder Margarine, z. B. Sanella	mit einem Handrührgerät mit Rührbesen auf höchster Stufe in etwa $^1\!/_2$ Minute geschmeidig rühren, nach und nach
175 g Zucker 1 Päckchen Vanillin-Zucker	unterrühren, so lange rühren, bis eine gebundene Masse entstanden ist
1 Ei	unterrühren
175 g Weizenmehl	mit
175 g Speisestärke	mischen, sieben, eßlöffelweise auf mittlerer Stufe unterrühren
75 g abgezogene, gemahlene Mandeln	unter den Teig rühren, ihn in einen Spritzbeutel (gezackte Tülle) füllen (Foto 1), in Form von kleinen Tatzen und Tupfen auf ein gefettetes Backblech spritzen (Foto 2), die Form auf dem Rost in den vorgeheizten Backofen schieben

Strom	
Ober- und Unterhitze	175–200 (vorgeheizt)
Heißluft	160–170 (nicht vorgeheizt)
Gas	3–4 (vorgeheizt)
Backzeit	10–15 Minuten

	die Tupfen mit
kandierten Kirschstückchen	garnieren
100 g Kuvertüre	in einem kleinen Topf im Wasserbad zu einer geschmeidigen Masse verrühren, die Hälfte der Tatzen auf der glatten Seite dünn mit Kuvertüre bestreichen (Foto 3), zusammensetzen, die andere Hälfte der Tatzen auf der glatten Seite dünn mit
Aprikosenkonfitüre	bestreichen, ebenfalls zusammensetzen, die Tatzen mit den Spitzen in Kuvertüre tauchen (Foto 4).

Terrassen
(Knetteig Seite 20ff.)

300 g Weizenmehl 2 gestrichenen Teel. Backpulver	mit mischen, in eine Rührschüssel sieben
100 g Zucker 1 Päckchen Vanillin-Zucker 1 Ei 150 g weiche Butter	hinzufügen, mit einem Handrühr-gerät mit Knethaken zunächst kurz auf niedrigster, dann auf höchster Stufe gut durcharbeiten, anschlie-ßend auf der Tischplatte zu einem glatten Teig verkneten, sollte er kleben, ihn eine Zeitlang kalt stellen den Teig dünn ausrollen, Plätzchen von gleicher Form, aber in drei verschiedenen Größen (die gleiche Anzahl von jeder Größe) ausstechen (Foto 1), auf ein Backblech legen, in den Backofen schieben

Strom
Ober- und
Unterhitze 175–200 (vorgeheizt)
Heißluft 160–170 (nicht vorgeheizt)
Gas 3–4 (vorgeheizt)
Backzeit 8–10 Minuten
von je drei Plätzchen verschiedener Größe die beiden kleinen auf der Unterseite mit

Gelee oder
Konfitüre
(durch ein Sieb
gestrichen) bestreichen (Foto 2), terrassenförmig auf das größte setzen (Foto 3) die Plätzchen mit

Puderzucker bestäuben, mit einem Konfitüre-tüpfchen garnieren (Foto 4).

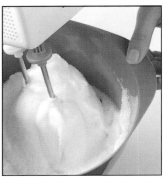

Baiser

4 Eiweiß	mit einem Handrührgerät mit Rührbesen auf höchster Stufe steif schlagen (Foto 1), nach und nach
200 g feinkörnigen Zucker	unterrühren (Foto 2) die Baisermasse in einen Spritzbeutel füllen, in beliebigen Formen auf ein mit Back-Papier belegtes Backblech spritzen (Foto 3) oder mit 2 Teelöffeln aufsetzen (Foto 4), das Gebäck darf nur leicht aufgehen und sich schwach gelblich färben, das Backblech in den Backofen schieben

Strom
Ober- und Unterhitze	110 – 130 (vorgeheizt)
Heißluft	Etwa 100 (nicht vorgeheizt)
Gas	25 Minuten Stufe 1 einschalten, 25 Minuten ausschalten, 25 Minuten Stufe 1 einschalten
Backzeit	70 – 100 Minuten.

Kokosmakronen

4 Eiweiß	mit einem Handrührgerät mit Rührbesen auf höchster Stufe steif schlagen, nach und nach
200 g Zucker 1 Messerspitze gemahlenen Zimt 2 Tropfen Backöl Bittermandel	unterrühren
200 g Kokosraspeln	vorsichtig auf niedrigster Stufe unter den Eischnee rühren, von dem Teig mit 2 Teelöffeln Häufchen auf ein gefettetes Backblech setzen, in den Backofen schieben

Strom
Ober- und Unterhitze	130 – 150 (vorgeheizt)
Heißluft	100 – 120 (nicht vorgeheizt)
Gas	1 – 2 (nicht vorgeheizt)
Backzeit	Etwa 35 Minuten.

Vanillekipferl
(Knetteig Seite 20ff.)

250 g Weizenmehl	mit
1 Messerspitze	
Backpulver	mischen, in eine Rührschüssel sieben
125 g Zucker	
1 Päckchen	
Vanillin-Zucker	
3 Eigelb	
200 g weiche Butter	
125 g abgezogene,	
gemahlene	
Mandeln	hinzufügen

die Zutaten mit einem Handrührgerät mit Knethaken zunächst kurz auf niedrigster, dann auf höchster Stufe gut durcharbeiten, anschließend auf der Tischplatte zu einem glatten Teig verkneten, sollte er kleben, ihn eine Zeitlang kalt stellen

aus dem Teig daumendicke Rollen formen, gut 2 cm lange Stücke davon abschneiden, diese zu etwa 5 cm langen Rollen formen, die Enden etwas dünner rollen, als Hörnchen auf ein Backblech legen, in den Backofen schieben

Strom	
Ober- und Unterhitze	175–200 (vorgeheizt)
Heißluft	160–170 (nicht vorgeheizt)
Gas	3–4 (vorgeheizt)
Backzeit	Etwa 10 Minuten
etwa 50 g Puderzucker	sieben, mit
1 Päckchen Vanillin-Zucker	mischen, die heißen Kipferl darin wälzen.

Ratgeber Eier

Eier sind eine entscheidende Zutat beim Bakken. Sie werden entsprechend ihrer Frische in Güteklassen und hinsichtlich ihres Gewichtes in Gewichtsklassen eingeteilt.

Zur Verwendung wird das Ei auf einer Kante aufgeschlagen und in ein Gefäß gegeben. Bei Verwendung von mehreren Eiern für ein Gebäck sollte jedes Ei einzeln in einem Gefäß aufgefangen werden. Ein schlechtes Ei kann die ganze Masse verderben.

Zum Trennen von Eigelb und Eiweiß werden die Eier auf einer Kante aufgeschlagen, die Schale auseinandergebrochen. Das Eigelb dann von einer Schalenhälfte in die andere gleiten lassen. Dabei das Eiweiß in einem darunterstehenden Gefäß auffangen.

Der Eischnee wird als Lockerungsmittel eingesetzt. Je frischer das Eiweiß ist, desto besser läßt es sich steif schlagen. Das kalte Eiweiß wird in einem sauberen, fettfreien Gefäß mit dem Rührbesen des elektrischen Handrührgerätes oder mit dem Schneebesen steif geschlagen.

Dukatenplätzchen

(Knetteig Seite 20ff.)

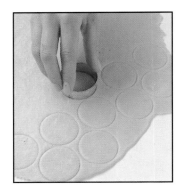

Für den Teig

250 g Weizenmehl mit
1 gestrichenen
Teel. Backpulver mischen, in eine Rührschüssel sieben
75 g Zucker
1 Päckchen
Vanillin-Zucker
Salz
1 Ei
1 Eßl. Milch
125 g weiche
Margarine, z. B.
Sanella oder
Butter hinzufügen
die Zutaten mit einem Handrührgerät
mit Knethaken zunächst kurz auf
niedrigster, dann auch höchster
Stufe gut durcharbeiten,
anschließend auf der Tischplatte
zu einem glatten Teig verkneten,
sollte er kleben, ihn eine Zeitlang
kalt stellen, den Teig dünn
ausrollen, mit einer runden Form
(Durchmesser etwa 4 cm) ausstechen,
(Foto 1), auf ein Backblech legen,
in den Backofen schieben

Strom
Ober- und
Unterhitze 175–200 (vorgeheizt)
Heißluft 160–170 (nicht vorgeheizt)
Gas 3–4 (vorgeheizt)
Backzeit Etwa 10 Minuten

für die Füllung
125 g Kokosfett zerlassen, kalt stellen
75 g Puderzucker
30 g Kakao mischen, in eine Rührschüssel sieben
1 Päckchen
Vanillin-Zucker
einige Tropfen
Rum-Aroma hinzufügen, nach und nach mit
1 Ei und dem lauwarmen Kokosfett
verrühren (Foto 2)

(Fortsetzung Seite 114)

die Füllung kalt stellen, sobald sie etwas fester ist, die Hälfte der Plätzchen auf der Unterseite damit bestreichen (Foto 3, Seite 112), die übrigen darauf legen

für den Guß

etwa 75 g Kuvertüre mit
etwas Kokosfett in einem kleinen Topf im Wasserbad bei schwacher Hitze zu einer geschmeidigen Masse verrühren, die Plätzchen (wenn die Füllung etwas fester geworden ist) bis knapp zur Hälfte hineintauchen (Foto 4, Seite 112).

Vanillemürbchen
(Knetteig Seite 20ff.)

250 g Weizenmehl in eine Rührschüssel sieben
1 Beutel Vanille-Aroma
1 Becher (150 g) Crème fraîche
175 g weiche Butter hinzufügen, die Zutaten mit einem Handrührgerät mit Knethaken zunächst kurz auf niedrigster, dann auf höchster Stufe gut durcharbeiten, anschließend auf der Tischplatte zu einem glatten Teig verkneten, sollte er kleben, ihn eine Zeitlang kalt stellen, den Teig etwa 1/2 cm dick ausrollen, zunächst mit einer runden Form (Durchmesser etwa 6 cm) ausstechen (Foto 1), die Teigplättchen mit einer kleineren Form (Durchmesser etwa 4 cm) dann so ausstechen, daß Ringe und Plätzchen entstehen (Foto 2), diese mit

Kondensmilch bestreichen (Foto 3), mit
etwa 75 g Hagel-zucker bestreuen (Foto 4), mit der unteren Seite auf ein Backblech legen, in den Backofen schieben

Strom
Ober-/Unterhitze 175–200 (vorgeheizt)
Heißluft 160–170 (nicht vorgeheizt)
Gas 3–4 (vorgeheizt)
Backzeit 10–15 Minuten.

Spritzgebäck
(Rührteig Seite 10ff.)

375 g weiche
Margarine, z. B.
Sanella oder
Butter   mit einem Handrührgerät mit Rühr-
besen auf höchster Stufe in etwa
$1/2$ Minute geschmeidig rühren,
nach und nach

250 g Zucker
2 Päckchen
Vanillin-Zucker

Salz   unterrühren, so lange rühren, bis eine
gebundene Masse entstanden ist

500 g Weizenmehl   sieben, $2/3$ davon eßlöffelweise auf
mittlerer Stufe unterrühren
den Teigbrei mit dem Rest des Mehls,

125 g abgezogenen
gemahlenen
Mandeln   auf der Tischplatte zu einem glatten
Teig verkneten (Foto 1), zu Rollen
formen (Foto 2), diese in eine Ge-
bäckpresse geben (Foto 3), auf ein
Backblech spritzen (Foto 4), nach
Belieben

10 g Kakao   sieben, mit
10 g Zucker   mischen, unter knapp $1/3$ des Teiges
kneten, etwas von dem dunklen Teig
mit hellem Teig in die Gebäckpresse
geben, auf ein leicht gefettetes Backblech spritzen, in den Backofen
schieben

Strom
Ober- und
Unterhitze   175−200 (vorgeheizt)
Heißluft   160−170 (nicht vorgeheizt)
Gas   3−4 (nicht vorgeheizt)
Backzeit   10−15 Minuten.

Veränderung: Den Teig durch einen Fleischwolf mit
Spezialvorsatz drehen, als Stangen,
S-Formen oder Kränzchen auf ein
Backblech legen, die Enden in auf-
gelöste Schokolade tauchen oder zur
Hälfte damit bestreichen.

**Wir danken für die freund-
liche Unterstützung:**

Lutz Böhme, Hamburg
Komplett-Büro, München
Robert Krups Stiftung & Co. KG, Solingen
Union Deutsche Lebensmittelwerke, Hamburg

Copyright:

© 1989 by Ceres-Verlag
Rudolf-August Oetker KG, Bielefeld

Redaktion:

Carola Reich

Titelgestaltung:

Werbe-Agentur Karnat, Borgholzhausen

Fotografie:
Titelfotos:

Thomas Diercks, Hamburg
Fotostudio Toelle, Bielefeld

Innenfotos:

Thomas Diercks, Hamburg
Christiane Pries, Borgholzhausen
Michael Somoroff, Hamburg
Fotostudio Toelle, Bielefeld
(Foodstyling Ursula Stiller)
Brigitte Wegner, Bielefeld

Rezeptentwicklung:

Versuchsküche Dr. August Oetker
Leitung: Liselotte Krätschmer

Reproduktionen:

Pörtner & Saletzki, Bielefeld

Satz:

H & P Fotosatz GmbH, Bielefeld

Druck:

Mohndruck, Gütersloh
Printed in Germany
Nachdruck, auch auszugsweise, nur mit unserer
ausdrücklichen Genehmigung und mit Quellenangabe
gestattet.

ISBN 3-7670-0326-0